教育部人文社会科学研究项目高校示范马克思主义学院和优秀教学科研团队建设项目
“实现中国梦与成就世界梦的关系研究”（16JDSZK058）研究成果

主　编－张　雷
副主编－周国桥　孙　巍　唐承泽

我眼中的
中国梦世界梦

CHINESE DREAM
WORLD DREAM

江苏大学出版社
JIANGSU UNIVERSITY PRESS
镇　江

图书在版编目(CIP)数据

我眼中的中国梦世界梦/张雷主编. —镇江：江苏大学出版社,2019.4
ISBN 978-7-5684-1103-5

Ⅰ.①我… Ⅱ.①张… Ⅲ.①大学生—思想政治教育—中国—文集 Ⅳ.①G641-53

中国版本图书馆 CIP 数据核字(2019)第 073448 号

我眼中的中国梦世界梦
Wo Yanzhong De Zhongguomeng Shijiemeng

主　　编/张　雷
责任编辑/孙文婷
出版发行/江苏大学出版社
地　　址/江苏省镇江市梦溪园巷 30 号(邮编：212003)
电　　话/0511-84446464(传真)
网　　址/http://press.ujs.edu.cn
排　　版/镇江文苑制版印刷有限责任公司
印　　刷/虎彩印艺股份有限公司
开　　本/718 mm×1 000 mm　1/16
印　　张/12.25
字　　数/184 千字
版　　次/2019 年 4 月第 1 版　2019 年 4 月第 1 次印刷
书　　号/ISBN 978-7-5684-1103-5
定　　价/45.00 元

前言

习近平总书记在十九大报告中指出，青年兴则国家兴，青年强则国家强。青年一代有理想、有本领、有担当，国家就有前途，民族就有希望。中国梦是历史的、现实的，也是未来的；是我们这一代的，更是青年一代的。中华民族伟大复兴的中国梦终将在一代代青年的接力奋斗中变为现实。全党要关心和爱护青年，为他们实现人生出彩搭建舞台。广大青年要坚定理想信念，志存高远，脚踏实地，勇做时代的弄潮儿，在实现中国梦的生动实践中放飞青春梦想，在为人民利益的不懈奋斗中书写人生华章！梦想的力量是强大的，新时代大学生要铭记总书记的谆谆教导，树立正确的理想信念，志存高远，持续实践，为实现中国梦贡献力量。

《新时代高校思想政治理论课教学工作基本要求》指出，要鼓励思想政治理论课教师结合教学实际，针对学生思想和认知特点，积极探索行之有效的教学方法，自觉强化党的理论创新成果的学理阐释，努力实现思想政治理论课教学"配方"先进、"工艺"精湛、"包装"时尚。桂林理工大学高度重视思想政治理论课建设，马克思主义学院积极搭建平台，组建团队，提升思想政治理论课教师的理论阐释力，提高思想政治理论课的教学吸引力。桂林理工大学张雷教授牵头的项目团队2016年获得教育部人文社会科学研究项目高校示范马克思主义学院和优秀教学科研团队建设项目"实现中国梦与成就世界梦的关系研究"（16JDSZK058）后，项目得到了学校马克思主义学院、校团委等部门的支持，得到了校内外专家的指导，依托项目研究开展了一系列教学科研活动，通过问题引领、课题研究、专题讲授等推进了高校思想政治理论课教育教学改革，改进了课堂教育教学方法，拓展了教育教学实践途径，提高了学生对思想政治理论课的获得感。

教育部颁布的《高校思想政治工作质量提升工程实施纲要》中指出，切实构建“十大”育人体系的基本任务，其中之一就是构建实践育人质量提升体系，“坚持理论教育与实践养成相结合，整合各类实践资源，强化项目管理，丰富实践内容，创新实践形式，拓展实践平台，完善支持机制，教育引导师生在亲身参与中增强实践能力、树立家国情怀”。桂林理工大学通过实践育人项目“百千万”（百名学子看世界、千名学子看中国、万名学子看广西）工程，将社会实践的平台延伸至区外、国外，引导广大青年学生以体验学习、社会调研、组队实践的方式深入社会、认识国情、放眼世界，树立实现中华民族伟大复兴中国梦的崇高理想信念。学校整合育人资源，协同育人，思想政治理论课借助“百千万”工程平台，将思想政治理论课实践教学延伸到校外、区外乃至国外，打造“三全育人共同体”。“实现中国梦与成就世界梦的关系研究”课题组连续两年与校内有关部门合作，将“中国梦世界梦”专题嵌入“百千万”工程等校园文化之中，指导学生通过心得体会等方式表达自己对中国梦的认识，通过一篇篇有情感、有态度、有深度的学生心得体会，我们看到了学生真挚的家国情怀和强烈的时代担当。同时，这也促进了思想政治理论课教学有虚有实、有棱有角、有情有义、有滋有味，提高了学生对思想政治理论课的获得感。本书是桂林理工大学实践育人“百千万”工程的成果，也是2018年度广西高等教育本科教学改革工程重点项目“地方工科院校‘第二课堂’教育教学体系改革与实践研究”（2018JGZ121）的阶段性成果。

在开展教育部人文社会科学研究项目高校示范马克思主义学院和优秀教学科研团队建设项目“实现中国梦与成就世界梦的关系研究”的相关研究时，课题组成员发现，通过专题式课题研究方式开展思政课教育教学研究，是提高思政课理论阐释力和课堂吸引力、提升学生思政课获得感的好形式。为此，课题组结合课题做了相关研究，并申报广西2018

年度高等教育本科教学改革工程项目，获得了立项。本书也是广西2018年度高等教育本科教学改革工程项目“微时代地方高校思想政治理论课‘问题+课题+专题’链式教学改革研究与实践”（2018JGA175）的研究成果。

本书为学生心得体会汇编，课题组老师在学生原文的基础上做了一定的修改，并做了点评。但由于水平所限，书中不足之处在所难免，敬请批评指正。

编 者

2019年3月

目 录

风景园林 16-1
毕　郁

青年梦　中国梦　世界梦

一

中国梦是什么？它可以很小，小到每一个中国人的美好生活向往；它也可以很大，大到一个国家的向往与追求。习近平总书记说，中国梦不是镜中花、水中月，不是空洞的口号，其最深沉的根基在中国人民心中。几千年来，无论任何时期，每一个中国人都在找寻着自己的中国梦，并深深扎根于此。从鸦片战争开始，中国被迫打开大门，签订第一个丧权辱国的条约，到中国共产党成立，其间中国人民不断地去寻找救国救民的道路，从“师夷长技以制夷”到“民主，科学”再到“民族，民权，民生”，最终找到了中国梦的火种——马克思主义，中国共产党领导中国人民不懈地奋斗与努力，才逐渐使“梦想成真”。中国共产党推翻了“三座大山”，建立了中华人民共和国。中国人民从此站了起来！现在，我国正处于实现中华民族伟大复兴的关键时期，而中国梦正深深扎根于人民心中，我们党、我们国家正在以习近平同志为核心的党中央领导下，奋力实现这一目标。而今的中国梦不再仅仅是满足人民日益增长的物质文化需求，也包含着人民丰富的精神需求和对美好生活的向往。十三亿中国人汇集在一起，凝成一股力量，去创造我们的中国梦。习近平同志在谈到中国梦时强调，实现中国梦必须走中国道路，就是走中国特色社会主义道路。他说，中国特色社会主义“凝结着实现中华民族伟大复兴这个近代以来中华民族最根本的梦想”。在我生活的城市中，从出租车司机到银行职员，从上小学的孩童到跳广场舞的奶奶，中国梦、社会主义核心价值观已深入人心，“富强、民主、文明、和谐、自由、平等、公正、法治、爱国、敬业、诚信、友善”二十四字的社会主义核心价值观阐述着中国人民自己的中国梦。在漂泊在外打拼的人们眼里，中国梦可能是可以在市区买一套房子；在银行职员眼里，中国梦可能是高质量地完成自己的工作，获得出类拔萃的业绩；在小孩子的眼里，中国梦可能是长大成为一名老师或者科学家……正是因为扎根于心的中国梦和每个人的历史担当，才有一个个感动人心的故事，才有一种种催人振奋的精神：88 岁的袁隆平仍下田搞科研，96 岁的“肝胆之父”吴孟超仍亲上手术台操刀……；女排精神、航天精神……

二

习近平总书记在中国共产党第十九次全国代表大会上的报告中指出，中国梦是历史的、现实的，也是未来的。中国梦，中华民族的伟大复兴，将在一代又一代年轻人的接力奋斗中成为现实。习近平总书记对我们青年一代抱有殷切的盼望和期待。然而在这之前，我认为自己只是一个普通的大学生，无法给国家和社会带来改变，也没有能力去改变和创造世界，但是在一次社会实践活动作业中我改变了看法。我所学的专业是风景园林，我们小组选取了桂林市雁山区葡萄镇作为实践地点，任务是完成对葡萄镇的复兴与保护。我们调研了翠屏村、周寨村、景隆村三个村，发现村里的青壮年人口流失严重，多是老人和小孩留守，于是我们设计出一个方案，主题是“如何通过有效的措施减少人口外流，让人们留住‘乡愁’”。这不仅仅是一项简单的实践作业，而且是我们对中国社会转型时期的社会主义新农村治理体制或者乡村振兴战略实施的深层次思考。作为新时代的大学生，我希望可以尽自己所学去为当下的中国乡村发展做出贡献。

一位年轻的村委书记在接受调研采访时坦言，他的中国梦就是将他生活的这个村、这个镇打造成独特的文化村镇，让青年人回归故乡，共同建设属于自己的美丽家园。听了他的“蓝图”描述，我们颇受触动。在面对面的交流中，我感受到了一个基层村干部的梦想追求，感受到了农村青年人的奋发力量。他眼中的中国梦不正是习总书记所说的“要看得见山，望得见水，记得住乡愁”吗？无疑，这要求我们国家在推进城镇化过程中，首先要注意生态保护，留住青山绿水。另外，建设特色文化小镇不应千镇一面，要因地制宜地去挖掘村落的文化特色，要保护城镇特有的地貌，根据其独有的地域性和特色性去建造特色文旅小镇。尽管这只是一次社会实践作业，但却极大地引发了我的社会责任感和使命感。作为一名党员，一名青年大学生，通过实地调研和与村民面对面地交流，我意识到自己的专业所学也可以为中国梦这个宏大的时代命题做出清晰的、明确的贡献。虽然我所学的专业不是高精尖学科，但我愿意用自己的专业所学为这个国家、这个社会做出一些努力，即使微如粟粒，但一颗颗粟粒堆积起来，就会构筑出我们的宏伟中国梦。习近平总书记说：少年强、青年强则中国强。我们青年人应该以身作则，心中有梦想，立志有方向，谨记国家领袖的教导，踏实学习，奉献社会，成就自我。作为新时代青年的我们，应该牢记，我们是中国梦的接力者，应该去承担更多的责任和使命，行胜于言，自强不息，不要因为现实的困扰而放弃梦想，不要因为理想的遥远而放弃追求，哪怕是面对平凡的现实，也要在内心保持笃定与坚信，不负国家不负己，在新时代中国特色社会主义道路上不断践行与前行。

三

习近平总书记指出，和平与繁荣是人民最基本、最普遍的愿望。实现中华民族伟大复兴的中国梦，确保人民安居乐业，国家安全是第一要务。还记得，在海外危机事件中，中国的企业遭到劫掠，在海外的中国民众生命受到威胁时，及时赶到的中国军舰护送和保护中国民众，中国民众得以成功撤离。这就是中国安全，这就是中国力量。作为一名中国人，无论你身在何处，都需要知道，你的背后有强大而有力的祖国作为后盾在保护你。

中国梦是中国人民追求幸福的梦，与各国人民的美好梦想息息相关。中国的发展必将是世界发展的趋势，也将为世界的发展注入更多的活力，带来更多的机遇。从“一带一路”倡议到金砖国家，从中国制造到中国创造、中国智造，中国桥、中国路、中国车、中国港、中国网，一个接一个的非凡工程，引领着一个崭新的大国时代。一幅幅国家画卷，诉说着每一个平凡人的努力。西部开发，东北振兴；中部崛起，东部率先；生产总值增速稳居世界第一；蓝鲸2号、蛟龙号；国家屏幕数量稳居世界第一，世界上最大的基本医疗保障网；扶贫政策；人类历史上最大的射电望远镜；公路网总里程数世界第一……中华民族以其悠久的历史和文化经历了风雨，现在正以高昂的姿态向世界展示自己的风采。在科技领域，中国正从“跟跑者”转变为“领跑者”“领导者”。当“中国制造”走出国门，逐渐转化为“中国创造”时，当自主创新的进步标杆不断刷新、科技领域不断突破时，中国人民向世界展示了自己的力量。中国在迅猛发展，我们不仅在完成自己国家的梦，也在帮其他国家乃至世界构筑梦想，如对非洲援建铁路，就是中国梦与非洲梦的合奏，生动展现了中国梦亦是世界发展的梦。

使命呼唤担当，使命呼唤未来，“长风破浪会有时”，“两个一百年”奋斗目标实现之际，中华大地该有多么美好！中华儿女该有多么幸福！作为新时代的大学生，我们坚信，在习近平新时代中国特色社会主义思想的引领下，汇聚每一个精神世界的魂与魄，中国梦的时代合唱一定会唱响世界！

【评语】这篇心得体会入情入理，学生从小处着手，论述中国梦和青年梦的联系，然后结合自己的专业实践，加深了对专业学习、对中国国情等的理解，进一步激发了自己学好专业，奉献中国梦的志向；同时学生还

通过生动的描述，自然地将中国梦与世界梦结合起来，升华了对中国梦的认识。从全文看，学生对中国梦能有较为深入的认识，能明白作为新时代大学生的时代担当，有情有理有态度，值得点赞。

（点评专家：桂林理工大学马克思主义学院　张　雷　教授）

地理信息科学 16-1
卢嘉奇

文化之旅　激扬梦想

纵观历史，人们对于自己生存的世界总是充满好奇，渴望知道其他地方的样子，了解另一片星空下的风景。从唐代的玄奘西行五万里历经艰辛到达印度求取真经，到意大利的马可·波罗沿陆上丝绸之路前来东方游历十七年，再到哥伦布横渡大西洋发现了美洲新大陆，我们发现，正是这种对世界的好奇促使我们不断探索。而这种好奇更多的是源于未知，以及对未知世界加上的个人主观想象，这促使我们不停地探索，去追求内心想要的答案。

同样，带着这样的一份好奇，在 2017 年 7 月 29 日，我们二十几名桂工学子迎着清晨的第一缕阳光，踏上了前往马来西亚拉曼大学的道路，开始了为期两周的学习交流。在拉曼大学的学习内容主要是英语沉浸式学习、开展课堂小组讨论并与拉曼大学学生交流，从而提高语言交际能力和英文理论知识水平，同时参与一系列的专题讲座和文化交流活动，了解马来西亚的民俗文化和历史传统，并且实地参观马来西亚的人文自然景观，体验当地的历史沿袭和风土人情。

一

马来西亚，简称大马，被南中国海分为两个部分：一部分是位于马来半岛的马来西亚半岛，北接泰国，南部与新加坡隔着柔佛海峡，称为西马；另一部分是位于加里曼丹岛北部的马来西亚沙砂，南接印度尼西亚，称为东马。因位于赤道附近，属于热带雨林气候和热带季风气候，无明显的四季之分，一年之中的温差变化极小，平均温度在 26 ～ 30℃。马来西亚是一个多民族、多元文化的国家，宗教信仰自由，伊斯兰教为主流宗教，其他宗教有印度教、佛教等。马来西亚人口有三千多万，主要人口构成为马来人、华人、印度人及其他人口，其中华人约有七百万，是马来西亚的重要人口组成部分。

中国和马来西亚的渊源颇深，早在公元前 2 世纪，中国商人就去马来半岛从事商业活动；到了汉代，随着陆上丝绸之路和海上丝绸之路的开辟，两国间的联系更加频繁；到明朝期间郑和七下西洋，五次驻足马六甲；再到 1974 年 5 月 31 日，中马两国建交，马来西亚成为东盟中第一个与中国建交的国家。

我们所前往的拉曼大学，成立于 2002 年 8 月 13 日，是拉曼大学教育基金会创办的一所非营利高等教育机构，也是马来西亚第一所由华人创办的大学。拉曼大学在 2017 年泰晤士高等教育亚洲大学排名中名列 120 名以内，位居马来西亚全国第二，仅次于马来亚大学。拉曼大学现有四个校区，我们所到的是位于霹雳金宝的主校区。

二

在马来西亚的两个星期里，除了对当地的人文景观和民俗文化感受深刻外，给我留下深刻印象的是当地的华人群体。在去马来西亚之前只知道当地有很多华人，但当我真正和他们相处了一段时间之后才发现，他们和我们有很多的相同之处：讲着普通话、用着淘宝、听着周杰伦和薛之谦的歌……并且让我感到惊讶的是，他们在传统文化方面所接受的教育可能比我们所接受的还要多。

我的印象中，在不同的文化背景下，完整地保持着自身的文化习俗其实并不是容易的事，即使在国内，远离故土到远地生活，经过一段时间后，我们各方面的生活习俗都可能被当地风俗影响和同化，更何况是在国外这么大的文化差异下。马来西亚华人能有如此好的中华文化传承，的确令人惊叹。马来西亚以马来语作为唯一的教学媒介语，换而言之，华文教育在当地不受政府支持和承认，但在这种环境下，通过众多马来西亚华人多年的努力和坚持，马来西亚的华文教育被完整地保留下来，并且马来西亚现在是除中国大陆、台湾地区、港澳地区以外唯一拥有小学、中学、大专完整华文教育体系的国家。可想而知，在这个过程中，当地的华人付出了多少的努力和汗水。在与拉曼大学的华人同学的相处中，我发现他们对中国的现状非常了解，并且对于中国目前的发展状况感到非常振奋。

通过这次的经历，我发现，真正的同种同族，更重要的是对于同一种文化的了解和认同，相同的文化背景才是构成彼此间联系的重要桥梁。《春秋左传正义》中写道："夏，大也。中国有礼仪之大，故称夏；有服章之美，谓之华。华、夏一也。"不难看出，我们的祖先对于民族的定义更多的是从文化层面来说，所以文化认同是一个民族文化的核心，这是对一个民族基本价值的认同。

对于我自己来说，此次最大的收获是我第一次意识到"文化自信"这四个字的真正含义，意识到原来在马来西亚有这么多的人为了保持中华民族的文化传承，付出了这么多的努力。由此及彼，在海外的其他国家又有多少华人在努力地传承着我们自身的优秀传统文化，我们不得而知，但正是由于这些人的存在，才使得我们的文化不仅可以在国内有着很好的发展，还可以进一步地在海外进行传播。我们也可以想象，在异国他乡要想取得这样的成果，需要付出多少努力和艰辛，而我们的中华文化自身又得有着怎样强大的生命力，才可以在异国他乡绽放出属于中华民族的独特光彩。

我们身边有很多人一味地推崇外国文化，而对我们自身的文化知之甚少，其实我们最应该感到骄傲和自豪的，就是我们自身的民族文化。我们的国家、民族有着悠久的历史积淀，也有着博大精深的优秀传统文化：儒家"修身齐家治国平天下"的实用主义精神，老子"顺其自然、无为而治”的洒脱精神，孟子“杀身成仁、舍生取义”的大无畏精神，等等。这些文化和精神不仅影响着我们的生活，更根植在我们的精神之中，潜移默化地影响着我们。正是这些自古以来就被我们所熟知的文化，使中华民族取得了一个又一个骄人的成绩。而现在，“我们比历史上任何时期都更接近中华民族伟大复兴的目标，比历史上任何时期都更有信心、有能力实现这个目标”，所以我们更要保持这种文化自信，为实现中国梦的伟大目标提供更加强大的力量。

三

在拉曼大学上课期间会有很多的课堂讨论和小任务，其中有一节课是讨论“你生命中最重要的东西”。在认真思考后，每个人都做出了不同的回答：有人说是家庭，因为父母给了他生命，当他遇到困难的时候父母可以为他遮风挡雨，他希望以后可以让家人过上幸福的生活；有人说是朋友，因为她可以跟朋友一起去旅行，一起分享快乐与忧伤，可以和朋友体验很多事，她希望能够永远守护这段友情，永远地一起快乐下去；有人说是篮球，因为当他感到不高兴或者烦躁的时候，就会去篮球场释放心中的情绪，同时篮球也教会了他永不放弃，篮球就是他生命中最重要的存在。老师在总结中说道，在我们的生命中，重要的东西有很多，每个人的心中都会有值得他去守护和珍惜的东西，但是除此之外，我们还需要找到生命中的激情所在，找到我们的梦想，尽全力去完成它，永不放弃。

中国正处于高速发展的时代，作为处于这样一个大环境下的当代青年，我们又能做些什么？习近平总书记在考察中国政法大学的时候强调，中国的未来属于青年，中华民族的未来也属于青年。我们又该怎样肩负起这样的历史使命，并且为中国的发展贡献出自己的一份力量？

我认为，我们需要做的很多。首先是“立志”，我们需要树立契合这个时代的理想，我们的理想应该是“为中华之崛起而读书”的民族梦，应该是为实现“两个一百年”奋斗目标的富强梦，应该是为实现中华民族伟大复兴的中国梦。习近平总书记也激励我们当代青年要树立与这个时代主题同心同向的理想信念，勇于担当这个时代赋予的历史责任。我们也相信，只要我们向前迈进，不断地为之努力奋斗，就可以走上成功的道路。

古人云，思而不学则殆。如果只是一味地去空想，而不去学习和钻研，那么最终仍然是一无所得。所以立志后需要做的是不断地学习。要想实现自己的梦想，除了对目标的坚持外，更重要的是不断地提升自己各方面的实力，丰富的知识储备和足够的个人能力才是实现梦想的资本和基础。作为当代青年，我们需要的不仅仅是扎实的专业知识和良好的职业素养，还需要进一步提升各方面的综合能力，包括人际交往能力、组织能力、学习能力等，只有这样，才能更进一步地靠近我们的梦想。

当有了梦想、有了实现梦想的能力，接下来需要做的就是“撸起袖子加油干”，我们真正需要的是脚踏实地地做事，学以致用，而不是一味地死读书。实践期间我们也遇到过各种各样的问题，都需要自己去寻找答案和解决方法，但正是有了这种经历，我们才能更加深刻地理解从课本上学到的知识，并且这种经历和经验都是我们在课本或者课堂上学不到的。同时，在实践的过程中我们也会发现自身的缺陷和不足，从而可以更加有针对性地去完善自己，让自己更加趋于成熟。

都说青春的时光是一生中最美丽的季节，因为她拥有着太多的精彩和可能。追寻梦想的道路向来都不是一帆风顺的，但是只要我们勇于立志，怀着对于梦想的那份渴望；只要我们刻苦笃学，秉承着永不放弃的精神；只要我们胸怀理想，脚踏实地，做到心中有阳光，脚下有力量，我们终究会到达成功的彼岸，实现自己的人生价值，并且为实现中国梦贡献出自己的一份力量。

年轻人的世界，即使是告别，也是带着微笑互相说再见的。不知不觉，到了要说再见的时候。早上阳光正好，整理好房间，背上行囊，站在阳台看一眼远方的拉曼大学校园，下楼坐上大巴，和车外前来送别的拉曼大学的同学挥手再见。这些日子的点点滴滴在脑海里慢慢浮现。这段时间，我们逛遍了这个学校的每个角落，体验了马来西亚的特色文化与习俗，和这里的老师、同学结下了深厚的友谊，收获了之前从未有过的特殊经历。

这次来马来西亚的旅程让我收获颇多，这段记忆将会永远地留在我的脑海里。在这段日子里，除了认识到一帮优秀的朋友外，我对以后要走的道路也有了更加明确的目标。而这段回忆也会是我大学生涯中最快乐的记忆之一，正如我们这次的带队老师周老师所说的，“多年以后，你回想起你的大学生活，应该不是吃喝玩乐，而是在很久以前，你和一群之前从未谋面的同学，一起站在马来西亚的夜空下放声高歌的时光。”也许，这就是青春吧！

【评语】走出校园，走出国门，走向世界，展现在学生面前的是一幅幅多彩、多元的场景，在接触中、在交流中、在碰撞中，学生通过自己的思考认识到了文化自信的重要性，认识到要实现中国梦，青年人要坚持文化自信，集聚实现中国梦的磅礴力量。学校的海外访学项目是一次文化之旅，也是学生的心路之旅，正如学生在文中所说的，“我对以后要走的道路也有了更加明确的目标”。祝福我们的同学青春无悔，梦想成真！

（点评专家：北京社会科学院传媒研究所所长　郭万超　研究员）

地理信息科学 15-1
王 斌

梦想，不是梦

"I have a dream of studying abroad since I was young ..." 这是我当初参加学校"百名学子看世界"项目面试时英文介绍的第一句话。还记得当初我在宿舍背这篇英语面试稿时，被室友取笑说"你是不是准备把马丁·路德·金的 *I have a dream* 背下来啊?"简单的一句玩笑话让我怀疑自己的稿子太过于"套路"了。我是不是不应该报名参加这个项目呢？那一刻，我的心里萌生了退意，直到去面试的前一刻，我还是有些忐忑和犹豫。

再三思索后，我还是鼓足勇气来到了面试场地。我想我不能为自己的胆怯找借口，就算不成功，至少尝试过，不后悔。没想到的是，后来竟然顺利通过了面试，也顺利地参加了出发前的培训，直到去澳大利亚学习并游学归来。这一切就像一场梦，那么短暂，那么虚幻，却又那么真实。

现在，我只想说，梦想并不遥远，并不是可望而不可即，只有尝试过才会知道梦想真不真实！

一

这是一场漫长而美妙的梦！

这场梦在我接到面试通过的通知后拉开了序幕。当我从手机屏幕上看到面试通过人员名单上有我的名字，并且位于第一位的那一刻，我觉得自己成功了，我的梦想终于可以实现了。接下来的日子里发生的事情，没有像电视剧情那样跌宕起伏，一切都有条不紊地进行着，却让我感到兴奋。为了做好出国前的准备，我特地赶回家办理了护照，形单影只，行程匆匆。拿着学校开出的护照加急证明，一路“绿灯”，在回到学校的一个星期内，我拿到了万分期待的护照。原以为接下来就是拿着护照办理签证，然后等待签证，最后翘首以盼，等到了出发日期，就带着护照和签证踏上异国他乡的土地。然而，事实远比我想象的要困难和复杂许多。六月，伴随着酷暑炎热，我们不仅要为期末考试奋战，还要为办理签证紧锣密鼓地准备材料，同时又有专业实习，可以说整个六月非常忙碌，让我有些手忙脚乱，不知所措。这期间，我们还接受了两次大规模的集体培训，主要是了解国外的文化习俗、游学的注意事项和怎样保证人身安全等。不得不说，这两次培训对后来我们身处异国他乡确实有很大的帮助。

忙碌的日子总是充实而短暂的，一转眼就到了出发的日子。拖着笨重的行李箱，怀揣着激动的心情，辗转航班，我们澳大利亚访学团队终于在经历了 10 多个小时的旅途后抵达了目的地。踏上异国领土，心情是激动的，但也有些许的忐忑，想着出发前校领导再三的叮嘱：“言行举止都代表着中国”，所以我们都很谨慎。

一系列海关安检之后，我们一行人跟随前来接机的两位老师上了一辆小巴。在大约一个小时的车程中，我们被车窗外的景色所吸引，一夜航行留下来的疲惫感也随之消散，一路上惊叹声不断。车窗外唰唰闪过的影像让我们应接不暇，郁郁葱葱的高大树木、广阔无垠的蓝色海洋、呼啸而过的高档汽车……我们惊叹和激动并不是因为这些事物对我们有多么新鲜，而是我们平常身处喧闹的城市，很难有机会接触这些自然且美好的事物。身处异国领土，澳大利亚给我们的第一印象还是挺棒的。

二

校方给我们举行了简短的欢迎仪式后，发给每人一份行程安排表，随后我们跟随寄宿家庭的主人回到了各自的家。就这样，我们的澳大利亚寄宿制学习开始了。

我们寄宿家庭的主人是一位年迈的独居老人，名叫 Brian。陪伴他的是一条长得像小老虎的狗，狗的名字叫作 Tiger。Brian 是一位很友善的东道主，不仅为我们准备了美味的晚餐，还耐心地回答了我们的问题，为我们在澳大利亚的衣食住行提供了很多便利。席间我们交谈得非常愉快，他很向往中国。虽然我们英语口语不是很流利，但还是尽可能地把自己知道的与他进行交流，听着我们表达并不清楚的口语，他依然很开心。当然，我们也很开心，能够有机会向外国友人介绍中国，让人骄傲和自豪。晚餐过后，为了感谢他的丰盛晚餐，我们送给他一份从国内带来的礼物，是一幅写有“福”字的书法卷轴，我们用蹩脚的口语介绍了这幅书法，尽可能地表达对他的祝福。

我们的访学团队有明确的行程安排。上午一般上四个小时的英语课程，尽管全英文式的教学我们不是很适应，却很享受，因为这里的课堂没有国内的那种紧张感，而且教学互动性很强，大家可以自由发表自己的意见，就像朋友间的谈话一样，可以畅所欲言。我们最喜欢的是“coffee conversation”，在室外咖啡厅里，点一杯咖啡，同学们和老师围坐一桌，谈论着自己的感受，玩着一些促进友谊的游戏，可谓惬意十足。享受着澳大利亚冬日的暖阳，品尝着美味的咖啡，谈论着朋友间的玩笑话，这应该是我在澳大利亚期间最享受的时光。

下午一般都在户外，与澳大利亚的自然进行亲密接触，感受不一样的文化气息。冬日的澳大利亚海滩，海风肆意地拍打着我们的脸。脱掉鞋子，在海边任性地放飞自我，奔跑着、嬉戏着，就像回到孩童时代，忘却了所有烦恼忧愁。相机的快门一刻也没有停下，生怕错过任何美好的瞬间。记录下来的点点滴滴，相信以后回忆的时候，依旧会是心潮澎湃，难以平复的激动心情。有时候下午也会有一些讲座，主要是关于 IT 方面的知识。一般来说，讲座是枯燥无味的，然而这些讲座的主讲老师却会跟我们有很多的互动。比如，他会让我们自己设计一个 APP，用于咖啡店的推销，当然只是画出草图。如果有不懂的可以向他寻求帮助，他会很高兴地帮助解答。我们在他的课堂上还结识了一些留学生朋友，我还被一位当地学生请求教他中文呢。我只想说，外国人说中文真是太不容易了，他们为了发出中文的平仄之音，真是铆足了劲，脸都涨得通红，但是每当我说他们发音正确的时候，他们都会很激动地和我击掌。这样的讲座，我想举办再多次也不会有人厌倦吧！

让我印象最深的是驱车前往澳大利亚首都堪培拉，参观一些名胜古迹。相比澳大利亚的其他城市，堪培拉的冬天比较寒冷。我们先参观了国家科学技术中心，停留的时间很短暂，许多科技产品只是粗略地看了一眼，没有具体地深入了解，但即使是这样，也令人惊叹不已。而后，我们参观了联邦议会大厦，它位于堪培拉的首都山顶，隔着格里芬湖和旧议会大厦连成一线，雄伟壮观。它是建筑艺术、工艺美术和装饰艺术完美融合的统一体，反映着澳大利亚的历史、迥然不同的多元文化、国家的发展和对未来的抱负。纵观这座建筑，它雄伟屹立，体现了澳大利亚联邦的形象和精神。议会大厦的内部是现代和传统的有机结合。澳大利亚土著人的传统艺术在这座建筑上也有体现，据了解，旧的议会大厦升有两面旗，分别是澳大利亚国旗和澳大利亚土著居民的旗，以示对土著居民及其文化的尊重。议会大厦的东西两侧分别为众议院和参议院，两院以一条长廊相连。我们有幸可以游览整个议会大厦，见识了内部建筑的雄伟壮观，加深了对澳大利亚政治体制文化的了解。我们还参观了位于格里芬湖北面的堪培拉战争纪念馆，从议会大厦驱车前往，几分钟就到，由于天色渐渐灰暗，我们在战争纪念馆驻足的时间很短。纪念馆内有追思堂、展览室、放映厅等，同时，它也是战史和军史的教育和研究中心。纪念馆内展示的收藏品包括遗迹、模型及图片，它现在已成为世界上最大的战争博物馆之一，里面有飞机和坦克车等遗迹。总之，堪培拉之旅留给我们很深的印象，回味无穷。

当然，在澳大利亚让我们一直惦记的一定是中国的美食了。起初，我们对汉堡、比萨和烤面包加培根等食物还有新鲜感，大约一个星期后，就逐渐失去了兴趣。为了买中国食物，我们不惜步行好几条街去寻找中国超市，每次去超市，货架上的泡面都会被我们横扫一空当作第二天的午餐。泡面在国内被认为是不健康的食品，在那时却是最美味的食物了。当然，有时我们也会去周边寻找中国美食，但没有在国内的美味可口，因为澳大利亚的中餐味道偏甜，应该是偏向澳大利亚人的口味。

三

再回忆这些画面时，澳大利亚之行已经结束了一段时间，但旅行的点点滴滴一直萦绕在我的脑海中，梦想还在继续。这次旅行最大的收获就是交了一群善良而可爱的朋友，通过这次游学，团队里的同校同学共同经历了一些事，友谊更深了；新结交的留学生朋友们让我们了解了很多其他国家和地区的文化。其中，有一群来自中国台湾的朋友也在这边游学，我们一起上课，一起交流，一起玩耍，一直到结业，同是中国人，交流也方便，所以除了上课要求用英语交流外，通常我们都用中文交流。

海外游学经历让我亲临了国外名校的校园，感受了国外大学的学习氛围，增加了我对国外大学留学生活的憧憬，同时也体验到不同的文化背景、不同的风俗人情和不同的思维方式，加深了对不同文化的了解。不仅如此，入住寄宿家庭让我们与当地家庭有了更深层次的交流，对当地居民的生活方式也有了更进一步的了解。

中国有句古话：读万卷书，行万里路。这句话集中体现了中国古代的游学思想。走出国门，会认识更多的朋友，在异国他乡宣传中国的文化，更加有利于增强荣誉感和自信心，为拥有强大祖国而感到骄傲和自豪。短短两周，在完全陌生的环境下，语言的隔阂阻挡不住我们学习和探索的热情。即便用不怎么流利的英语与别人交流，大家还是能互相感受到彼此间的真诚。

海外游学让我收获很多，也让我更加了解到我们祖国的强大。中国的发展离不开世界，世界的发展也少不了中国力量，这也让“共赢”逐渐成为世界各国的共同需求。实践证明，中国为国际社会的经济理论、政治制度、发展道路不断提供着科学先进的“中国经验”，也具备着与国际社会共享发展成果的伟大胸怀。中国很愿意在前行中寻求深度的开放，让更多的国家“搭乘”改革创新的“列车”，“享受”发展成果的“春风”，让全世界都能正确认识中国、愿意携手中国，走上合作共赢的更科学的全球化发展道路。

近年来，“一带一路”倡议在国际合作中掀起了一股热潮。自习近平主席于2013年首次提出“一带一路”倡议，即共同建设“丝绸之路经济带”和“21世纪海上丝绸之路”起，“一带一路”倡议逐渐从理论转化为行动，从愿望转变为现实，建设成果丰硕，国际影响深远。虽说“一带一路”主要是联结亚洲、非洲、欧洲等国家，一起致力于促进共同发展、实现共同繁荣，但同样为澳洲的发展注入了新的活力。近年来，中澳经贸互动更趋频繁：中澳自由贸易协定落地、RQFII（人民币合格境外机构投资者）额度到位、人民币清算行花落悉尼等，这些都为两国的经贸合作提供了新的机遇。中国的“21世纪海上丝绸之路”与澳大利亚海岸看似遥远，实则商机相连。澳洲一些名校的专家、教授和商界精英等都希望搭乘“一带一路”这趟快车。事实上，澳大利亚政府近年来也在积极与中国协商，签订一些经济贸易的协定或公开发表一些文件，如《澳中一带一路产业合作蓝皮书》。报告指出，澳大利亚、中国和其他“一带一路”沿线国家的贸易投资时逢重大战略机遇期，增长潜力巨大，澳大利亚将借与中国经贸深度融合的东风推动多产业发展。

此次游学，也让我加深了对中国梦的认识。自中国梦提出以来，中国人的凝聚力进一步增强，大家朝着中华民族伟大复兴的目标同心协力，共克时艰。那么作为新时代大学生的我们，又该做些什么呢？我学的是地理信息科学专业，很多人会认为我们的专业是一个“高大上”的专业，然而，由于我国地理信息科学起步较晚，还有待发展。在访学过程中，我亲身感受到尽管我国科学技术水平大大提高，但在很多领域还有提升的空间，而这些空间就需要我们新时代的大学生通过自己的所学赶超国外，实现中华民族伟大复兴的中国梦。

旅行结束了，但梦想仍在继续。我的中国梦，我的世界梦正在扬帆起航！

【评语】青春本就是充满梦想的时期，学生通过学校搭建的平台实现了自己的出国梦想，开始了一段美妙的梦想之旅。在另一个国度，学生认真、用心地感受着异国风情和国情，在思考中加深了自己对中国文化的自信和对国家的认同，从而认识到自身要加强专业学习，立志报国，将来能为实现中国梦贡献力量。走出去，亲身经历，要比干瘪的说教强百倍，学生对中国梦和世界梦的认识证明了这一点。

（点评专家：桂林理工大学团委书记　周国桥）

地质工程 16-1
陈 涤

中国梦　我的梦

中国人民在追求梦想的道路上栉风沐雨，步履维艰，但风雨雷电没有摧毁追梦的信念，冰封雪飘亦没有埋葬追梦的信心。2017 年 10 月 18 日，中国共产党第十九次全国代表大会在北京人民大会堂隆重召开。作为一名大学生党员，我观看了这次在全面建成小康社会决胜阶段、中国特色社会主义进入新时代的关键时期召开的大会的实况转播。

“青年兴则国家兴，青年强则国家强。青年一代有理想、有本领、有担当，国家就有前途，民族就有希望。”党的十九大报告中，习近平总书记对我们青年一代寄予殷切期望。我们应深刻理解青年一代应担负的历史使命，要以报告精神为指引，用坚定的信念照亮人生路，用正确的价值观培育新风尚，用闪光的汗水成就栋梁材，用伟大的中国梦激扬青春梦，努力成为“有理想、有本领、有担当”的优秀青年。同时，新时代大学生应坚持努力学习，在学习中不断提升自己的认知能力，不断提高自己的综合文化素质和应对各种复杂情况的能力。

习近平新时代中国特色社会主义思想是马克思主义中国化的最新成果，闪耀着真理的光芒、实践的光芒、创新的光芒，是全党全国人民为实现中华民族伟大复兴而奋斗的行动指南，也是当代青年成长奋斗的行动指南。我们要深入学习领会和践行新思想，让贯穿其中的立场、观点、方法指导我们的行动，让增强“四个意识”、坚定“四个自信”的政治定力牢牢巩固，让“八个明确、十四个坚持”成为自己成长奋斗的指路明灯。

建设中华民族共有的精神家园，实现中华民族的伟大复兴梦，对于我们青年来说，就是要用微小的努力凝聚成强大的力量，要从身边小事做起，从尊敬师长、孝敬父母做起，从节约一滴水、一度电，倡导绿色出行、低碳生活做起……从细微小事入手，从我做起，从现在做起，用心为之，一定会收到成效。

习近平总书记在十九大报告中提到的生态文明建设成效显著，让我深有感触。国家大力度推进生态文明建设，贯彻绿色发展理念的自觉性和主动性显著增强，以往忽视生态环境保护的状况明显改善。生态文明制度体系加快形成，主体功能区制度逐步健全，国家公园体制试点积极推进；全面节约资源有效推进，能源资源消耗强度大幅下降；重大生态保护和修复工程进展顺利，森林覆盖率持续提高；生态环境治理明显加强，环境状况得到改善。中国积极引导应对气候变化国际合作，成为全球生态文明建设的重要参与者、贡献者、引领者。

我的家乡梧州六堡坐落在大山深处，那里环境清幽迷人，在连绵起伏的青山上还开垦有广阔的梯形茶园……

记得在广西还未开展“美丽广西，清洁乡村”这个活动之前，我们这个小镇从外观上看简直“不堪入目”。在街道、小路上随处都可以看到一些“刺眼”的塑料袋、包装纸、果皮等，通往镇街道的主交通道路是一条泥公路，遇到下雨天泥泞难行；田野里经常有浓烟，主要是农民们燃烧稻秆、麦秆等引起的；电锯的声音一声比一声刺耳，生长了几十年甚至几百年的大树一棵棵相继倒下，震起了漫天尘埃，震失了无数沃土……

随着山体滑坡、泥石流等相继而来，人们猛然觉醒，在意识到错误之后，浓烟没了，电锯声也没了。山坡上一片片绿油油的小树生机勃勃，蔚蓝的天空中一只只鸟儿自由飞翔。人们正努力地改善环境，为子孙后代营造更美的家园。

自开展“美丽广西，清洁乡村”活动，我们镇成功申请特色名镇之后，小镇的面貌焕然一新！村里每天都有清洁工人按时打扫，每个村子口还摆放有许多垃圾桶，村民们都很自觉地把垃圾扔入垃圾桶内；原本的泥公路改建成了宽广的水泥路，即使下雨也不难走了……

现在，我的家乡利用村民筹集的资金与国家补助，在村庄与村庄之间修建了水泥路，真可谓“村村水泥路相通”，家家户户开摩托，出门工作、访友方便多了。变化最大的就是村民们的房子，每间房子的外观都刷了统一的色彩，白墙蓝瓦。墙壁外还粘贴了一些茶壶、茶叶等茶道的手工木制装饰物，成为名镇的特色之一。远远望去，还有一幢幢小洋楼掩映在绿树丛中，煞是好看。

在我们家乡，村民们物质生活富足，吃穿不愁，怡然自乐。清晨，经常可以看见婆婆和媳妇有说有笑地去采茶。远远望去，郁郁葱葱的梯田茶园里，三三两两的妇女正在熟练地采摘一芽二叶的茶芽，身后白雾弥漫，仿佛置身于仙境。

随着太阳缓缓落下，勤劳的人们放下了手头的工作，回到家中休息。傍晚，一家人坐在院子里共进晚餐，或是聊天，或是看电视，落日晚霞的余晖照映在人们的脸上，好像幸福的花儿在怒放，偶尔还有几只晚归的落雁在空中划过一道美丽的弧线……

一年之中，家乡的村民在春夏两季种植水稻，农闲时间都在山上，或是割松脂油，或是伐木，或是采茶……家乡的山上，连绵起伏、漫山遍野都是经济林——杉树、松树、八角树……还开垦有一大片一大片的茶园，专门出产六堡名茶。这些生态林给家乡人提供了富足、优越的生活。

现在，村民把大多数时间都放在管理茶园上。采摘、加工、出售，家乡的六堡茶虽然不及普洱茶、铁观音那样举世闻名，但还是深受广大梧州人喜爱的。六堡镇经常有外地人自驾车来观光旅游，离去时带走一袋一袋的茶叶。六堡人就靠着这些天然的林木，“靠山吃山”。都说一方水土养育一方人，此时我才真正体会到习总书记所说的“绿水青山就是金山银山”。我们镇上的人们物质富足，衣食无忧；生活环境群山环绕，景色秀丽，空气清新，是个天然的大氧吧，也是养生的好地方！我曾走村串户调查，发现我们镇上百岁老寿星就有五个。

我们青年人也尝试着用自己的实际行动来实现绿色家园梦。志愿服务，从我做起。虽然我的家乡处在大山之中，但是，由于以往不注重生态保护，山上的树木越发少得可怜。所以，我们志愿服务队号召各家各户重新植树造林，靠所有人的力量，把连绵起伏的群山都种满了树木。可光靠植树造林是远远不够的，还应该学会环保。在环保方面，不得不提袁凤钗奶奶。75 岁的她是浙江省一位普通的退休老人，她非常热心环保公益活动，人称“雷锋阿姨”。她每天早上都拿着三个环保袋去捡废品，不论见到什么垃圾，都要捡起来。她甚至被别人误认为是捡垃圾的叫花子，但她仍然没有放弃过。

我们便以她为学习榜样。家乡的小河边有许多垃圾：零食包装袋、方形泡沫盒、塑料瓶子……这些都严重危害着水的质量，危害着水生动物的家园。一大早，学着袁凤钗奶奶的样子，我和小伙伴们来到小河边，一人一个环保袋，拿着钳子，将垃圾钳进袋子里。为了美丽家园，我们尽了自己的一份力。除了捡垃圾，我们还组织了许多环保活动，如减少使用一次性物品、夏天升高空调度数、回收牛奶盒和饮料瓶等。

在我心中的家园，每个人都可以自在地大口呼吸，不必因为戴着防毒面具一般的口罩而遮住自己绽放在嘴角的笑容；在我心中的家园，每一棵树都可以在天空下自由地伸展，不必担心还未长大就被拦腰截断；在我心中的家园，每一条鱼都可以在摇曳的水草中悠闲地嬉戏，不必因为清水被污染成各色的泥浆而翻了肚皮；在我心中的家园，所有的垃圾都被分类处理，在一次次的循环利用后，埋入土中即可分解成花草果蔬的肥料……

在国家相关政策的支持下，家乡的生态文明建设越来越好。让我们用一颗热忱的环保之心，用一份无私的奉献精神，积极参与，用实际行动为祖国生态文明建设出一份力。让我们一起努力，让祖国的天更蓝，水更清，山更绿，地更净，环境更美，而拨开云雾，梦的目的地就在前方。

“中华民族复兴梦”的本质内涵是实现国家富强，民族振兴，人民幸福。党的十九大提出：“到建党一百年时建成经济更加发展、民主更加健全、科教更加进步、文化更加繁荣、社会更加和谐、人民生活更加殷实的小康社会，然后再奋斗三十年，到新中国成立一百年时，基本实现现代化，把我国建成社会主义现代化国家。”“从十九大到二十大，是‘两个一百年’奋斗目标的历史交汇期。我们既要全面建成小康社会、实现第一个百年奋斗目标，又要乘势而上开启全面建设社会主义现代化国家新征程，向第二个百年奋斗目标进军。”

这些掷地有声的重要论述，昭示着一个承载历史、贯穿当下、引领未来的深刻论断——伟大的新时代，召唤堪当大任的新青年！新时代美好的前景、宽广的舞台、激昂的鼓点，像星辰大海吸引着我们，像希望田野呼唤着我们，像奋进旋律鼓舞着我们。让我们侧耳聆听、响应召唤、奋发有为，清醒觉悟新时代，热情拥抱新时代，奋勇建功新时代，按照党的要求，把自己锻造成堪当民族复兴大任的一代新青年。

“中国梦是历史的、现实的，也是未来的；是我们这一代的，更是青年一代的。中华民族伟大复兴的中国梦终将在一代代青年的接力奋斗中变为现实。”在五四青年节和北京大学建校120周年校庆日即将来临之际，习近平总书记在北京大学师生座谈会上重申了他对青年的期待和鼓励，“社会主义是干出来的。青年党员只有多吃苦、多流汗，才能实现从想干愿干积极干到能干会干善于干的转变，才能做合格的社会主义事业建设者和接班人”，并为青年人明确了奋斗目标，指明了前行方向。

作为新时代的新青年，我们有义务和责任为这样壮阔的征程贡献力量。作为一名预备党员，我更加明确了自己的任务，树立起全心全意为同学服务，以人为本的理念，热忱为大家服务。同时，在日常生活中，应该起到模范带头作用，并注意自己的言行举止，严格规范自己，以身作则，努力学习，践行社会主义核心价值观，提高自己的道德情操，增强为人民服务的能力，做到知行合一，把个人的理想追求融入国家和民族的事业中，书写无愧于时代的青春之歌，成为新时代中国特色社会主义事业的合格建设者和可靠接班人，做担当民族复兴大任的时代新人。

【评语】学生结合家乡的变化，从生态建设着手论述对中国梦的认识，在论述中既有家乡的变化，也有自己的志愿行动；既有对总书记重要讲话

的认识，也有作为新时代大学生的志向……这篇心得体会，很有质感。透过字里行间，能感受到学生对家乡的热爱，对国家的热爱，也能感受到一位有热血、有担当的新时代大学生的情怀。

（点评专家：桂林理工大学马克思主义学院　孙　巍　副教授）

会计学15-1
陈星河

对比中感悟思考中国梦

得益于学校海外游学的平台，让我有了两个多星期到英国“看世界”的机会，亲身体会了英国的生活、文化和教育等。

一

summer school（暑期学校）课程设置。在英国的日程相对紧凑，早上八点半从student village（学生村）出发去学校，吃完早餐后上课。前期的课程老师们首先教了一般疑问句和特殊疑问句的语法、发音的声调等，每次的课程老师都会安排我们跟不同的同学一起合作。后期课程更加注重语言的运用和变化，运用了很多的游戏和小组竞赛，提高了学生的课堂参与度。我们的团队被分到三个不同的班级，每个班级都有来自其他国家的同学，例如西班牙和日本。每个老师的授课方式都有自己的特色，但总体而言，与我国的教育方式有所不同，英国的授课更加轻松和愉快，但是知识点的覆盖面不够广、知识容量比较少。英国学校的上课时间和我们学校有些不同。在英国，上课时间是从早上九点半到下午一点钟，一个小时的午饭时间后，从下午两点到四点钟继续上课。

summer school语言效应。进入全英文的学习环境可以有效地提高同学们的英语表达能力。国外课堂上，学生的参与度很高，需要学生积极思考和解答。在这种情绪的感染下，即使面对中国人，也有想说英语的冲动。

课堂上大家都主动去学习最地道的英语表达方式，每个人都用英语做自己的 presentation（陈述），表达自己对于 topic（主题）的观点与看法。

英国生活特点。短短几天，我们就适应了英国的生活。从精神和身体上把七个多小时的时差调整过来后，眼睛不再充满着血丝。庆幸的是，在英国，晚上九点钟依旧洒满阳光。四点钟下课后我们有充足的时间丰富课余生活，如去海边散散步，或者为自己准备一顿丰盛的晚餐，或者参加 Cafe club（咖啡俱乐部），这是一个非常有趣的活动，用英语和自己的伙伴、外国同学及老师聊聊天，如同学所言，进入这个环境后，说英语其实很自然。

体验最绅士的伦敦音——伦敦之行。在第一周的周末，我们前往英国首都伦敦进行参观游览。乘着早班的火车，我们来到了伦敦剑桥镇，在长长的街道上穿行，漫步剑桥。说起剑桥，不得不提诗人徐志摩。他在《再别康桥》中写道："轻轻的我走了，正如我轻轻的来；我轻轻的招手，作别西天的云彩"。不过今天的云彩可不那么"友好"，断断续续的小雨实在让人有些烦恼，好在我们参观的兴致没被完全浇灭，坐上了康河中的小船，体会那曾属于徐志摩的一段时光，看着两岸的学院建筑，感觉剑桥的学术氛围离我们更近了。下午返回伦敦后，我们来到了大英博物馆，观赏沉睡在这里的世界各国的历史。值得一提的是，馆内中国的瓷器尤为美丽，但展柜下多种语言的瓷器介绍竟然没有中文。如果这些文物可以说话，是否已经说了千千万万遍"带我回家"呢？结束了大英博物馆的参观，属于伦敦的行程也基本上结束了，可属于英国的生活还要继续。吃过饭后，我们搭上了回斯旺西的班车，不知道有多少人在伦敦看着它的日出日落，但是现在我们必须说再见了，毕竟这里不是我们的"归处"，"悄悄的我走了，正如我悄悄的来；我挥一挥衣袖，不带走一片云彩"。

二

经济差异。英国的经济基础相对较好，人民的生活比较富裕。人们的工作时间固定且规律，每天下班之后，斯旺西的居民很多都会选择驱车前往海边玩耍、聚餐，从他们的神情中可以看出他们的生活十分安逸。可能很多人会说，我国和西方发达国家的经济差距还是很大，但实际情况并不是这一句简单的话就能够准确概括的。西方资本主义国家已经进入现代化几百年了，可以追溯到18世纪，他们的工业化进程刚刚开始的时候，也就是在进行原始资本积累的时候，他们对人类历史的进程产生了很多消极的影响。比如著名的“雾都”伦敦，就是因为过度使用化石燃料，过度工业化发展而导致出现严重的光化学污染。所以，我们不能够单纯地褒奖他们现在所享受的生活，也要看到他们曾经为了资本的积累所付出的代价。

纵观我国目前的经济发展，在党的正确领导下，改革开放后经济快速发展，人民的生活水平在四十年的时间里得到了显著的提升。同时，我们的经济发展坚持走可持续发展的道路，注重生态文明的建设，在保护环境的前提下大力发展经济，为人民百姓的生活谋福祉。所以，我一直坚信，在党中央的正确领导下，我国的经济一定会保持良好的发展势头，不断前进，让人民的生活水平得到不断的提高，继续以经济建设为中心，坚持四项基本原则，坚持改革开放，解放和发展生产力，建设社会主义的市场经济、民主政治、先进文化、和谐社会、生态文明，促进人的全面发展，最终实现全体人民共同富裕，把中国建设成为富强、民主、文明、和谐、美丽的社会主义现代化国家。

社会文化差异。英国人具有的绅士风度和文明礼仪与英国的悠久历史和价值取向有关。英国有着深厚的文化底蕴，这为他们的现代化建设奠定了良好的基础。英国人对个人空间和隐私问题极为看重，不容侵犯。而中国作为人口大国，人与人之间的“亲密度”不言而喻。同时，因为中国人的传统习惯和人伦关系等原因，父母有时可以“名正言顺”地干涉儿女的私生活，相对于英国人来说，中国人的空间和隐私似乎没有那么重要。在英国，由于父母没有对儿女的生活进行过多的干涉，儿女在成年之后都依靠自己的能力谋生。而在中国，大多数子女在成年之后还是需要在父母的资助下完成学业或者成家立业。

目前，中国在社会文化方面正大力宣传推广和践行社会主义核心价值观，不断地提高中国人整体的社会凝聚力和文化向心力，为维持社会的稳定与和谐起到了巨大的推动作用。从推进国家治理体系和治理能力现代化要求看，培育和弘扬核心价值观，有效整合社会意识，是国家治理体系和治理能力的重要方面。核心价值观是中华民族的精神支柱，是行动向导，对丰富人们的精神世界、建设民族精神家园，具有基础性、决定性作用。所以，相信在党中央的正确领导下，中国精神必将汇成强大的中国力量，推动中国梦在不久的未来得以实现。

中外的教育差异。在英国，私立学校占主导地位，而在中国绝大多数都是公立学校，但私立学校的数量在逐步上升。有人认为，中国教育的特点是：力图使儿童发现社会存在，创造环境使儿童学会怎样长大成人，儿童是被动的，富有可塑性的，重在成人的帮助指导下成长；而国外教育的特点是：力图使儿童能真正作为孩子，儿童是主动的，富有创造性的，自我实现是儿童自身的自然与发展，成人只需提供有利的条件即可。但这只是过去的观点，中国现在越来越重视孩子全方位能力的培养。同时，国外的基础教育近些年来也遭到了一些质疑，过于强调对孩子思维力、创造力等方面的培养，导致国外的基础教育较差，很多学生连基本的数学运算都没有完全掌握。

虽然，中国的教育在过去经常遭到诟病，但实际上，我们的教育有一定的可取之处，并且在不断地完善和改进。我一直认为，我国已经坚持了很久的义务教育必将发挥其作用，在将来，一代代受过教育的青年人将扛起国家前进的大旗，为我们伟大中国梦的实现不断奉献出自己的青春力量。

三

回顾我们此次在英国斯旺西的交流学习，团队成员们学习目的都很明确，独立自主，团队意识强。整个学习期间大家的出勤情况非常优秀，没有人迟到、旷课，偶尔身体不适的同学能提前跟老师请假。课堂上表现积极主动，十分珍惜与老师及其他国家同学交流练习的机会。社会实践环节中，同学们互相帮助，分工明确——查出行信息，了解访问目的地的文化背景，互相提醒集合时间，等等。我为我们理工大学的同学们点赞。

此次英国之行，我们向外国师生展示了中国人的新貌。一位英国老师感慨地说："中国人在我的印象里是害羞的、拘谨的，但你们，包括其他团队的中国师生，都是那么的让人惊讶——你们自信、热情、开朗。我应该去中国看看！"有的同学画了中国风的书签作为纪念礼物送给老师，有的同学绘声绘色地介绍中华饮食文化，有的同学与外国师生自如地聊着两国不同的幽默段子。斯旺西的课堂内外，理工大学的学子们不仅展现了厚德笃学的桂工精神，更是传递了新时代中国人的文化自信，树立了新时代大学生的新形象。

在英国15天的学习经历，让我有了更深的思考。诚然，我们国家在有些方面与发达国家相比还有差距，但是我看到了我们国家的制度优势及发展潜力。今时不同往日，中国已在腾飞，中国梦已经成为激励千万中国人不懈奋斗的精神指针。实现中华民族伟大复兴是近代以来中华民族最伟大的梦想。我们相信，在党的十九大精神的指引下，在以习近平同志为核心的党中央的坚强领导下，中国必将经受住各种严峻考验，创造无愧于历史、无愧于时代、无愧于人民的宏伟业绩，如期实现"两个一百年"奋斗目标，不断从胜利走向新的胜利！

【评语】在对比中，学生确实对中国梦多了几分认识和感悟。从学习方式、文化差异、经济发展、社会习俗等方面，学生通过游学的亲身经历感受到了国外的发展，也看到了中国制度自身的优越性。生活是最好的教科书，学生能在异国他乡时时以主动的心态和进取的精神思考、对比，展现了新时代大学生的时代担当精神和历史责任感，相信在一代代青年人的接力奋斗中，中华民族伟大复兴的中国梦一定会实现。

（点评专家：广西师范大学马克思主义学院博士生导师　黄瑞雄　教授）

机械设计制造及其自动化 16-3
叶　志

青春之梦　中国梦圆

一

关于母亲湖，我总是思绪万千。外公时常向我讲述一九九八年的故事。那一年，我才两岁。连绵不绝的暴雨顺着红色砖瓦间的缝隙疯狂涌入屋内，家里所有的盆碗都沿排放置在墙脚，混合着我咿呀不停的哭声，噼啪作响。南方的夏季潮湿闷热，母亲斜靠在竹板床上，裹着一层薄棉被说道：“孩子天门盖上始终不见好，和孩儿他爸商议着，得上武汉一趟。”外公是农场支队里的老党员，正脱了从地里回来的那身装备，准备随着队里的老知青们去开会商讨泄洪事宜。外公侧着身子回道：“还是请老家的婆子来看下先，如今外面不安得厉害，听上头说得把这块全给泄洪，为保武汉。”外公每每讲到这些，声音哽咽，反复说着没尽心照顾家人。我懵懵懂懂地听着，并不解其中含义，只笑着说自己记不太清了。外婆揣着仍有余温的鸡蛋，从外面的菜园子走进来，到密封的深棕色的腌菜罐子里挖出一碗红椒米粉子，向我们喊道：“他是个小孩，哪懂这些。我看你是空不得闲，当着孩子们也得念念经。”外公眯着眼，猛吸了口烟，大声回道：“我这一生，都在湖里。从它还是一片沼泽地，四处都是芦苇开始，我一辈子围着它打转儿，它生我养我，我就是它的儿子，就得认这个理儿！”“对了，听说今年的天气暖得快，藕哨子都出来了，荷叶炸蛋也好久没吃了，今儿个尝尝鲜。”外婆手捧着两片绿得油亮的荷叶，缓和地说着。我笑了，双手环抱着外婆。外公起身，藤椅发出往常的音调，外公自语道：“荷花一年比一年开得好，今年定是个好收成，日子也该红火起来了。”

初心从“母亲湖”出发，二十载光阴铸青年。而今已是大学生的我，走出了生我养我的家乡，便常常思考家乡的变化。外公所说的“日子红火起来”不就是共产党人关于“无论走得多远，也不能忘记为什么出发，人民对美好生活的向往始终是我们的奋斗目标”的铮铮誓言和初心吗?

我时常想共产党人的初心是什么，我想应当是带有家国情怀的一种特殊的文化自信。中国贯穿古今，浩瀚五千年历史，无分大小，皆以史明鉴。缅怀过去，传承未来。没有文明的继承和发展，没有文化的繁荣昌盛，就没有中国梦的实现。有初心，复兴百年中国梦，正是中国特色社会主义道路的伟大之处。正如习总书记所言：“我们要坚持道路自信、理论自信、制度自信，最根本的还有一个文化自信。中国有坚定的道路自信、理论自信、制度自信，其本质是建立在五千多年文明传承基础上的文化自信。”

二

曾想外公为何将理想信念寄托于母亲湖，将其一生奉献给这片被世人瞧不起的土地。他一生都呐喊着“我就是它的儿子”，他用坚韧朴实的背影描绘出洪湖鱼米乡“一蓑一笠一扁舟”的盛世美卷。十岁下地挖藕，十四岁随堂兄弟举家迁往洪湖。他的每一步脚印，都随着土地母亲的灵魂，化成洪湖鱼米乡的富饶。幼时的我，误解、疑惑、玩笑着外公所说与所做的一切，他从不过多言语。直到长大成人，当我打开《毛泽东思想和中国特色社会主义理论体系概论》的书籍，老师的一段表述让我难以忘怀：“中国共产党始终站在无产阶级和人民大众的立场上，以人民为中心，一切为了人民，一切依靠人民，全心全意为人民服务。”“我们党自成立就高擎理想信念的旗帜，以‘为有牺牲多壮志，敢教日月换新天’的担当精神，历经苦难而百炼成钢，使党的事业薪火相传。担当是共产党人的脊梁精神，权力就是责任、责任就要担当，权力有多大、责任担当就要有多大。空谈误国、实干兴邦。万里长征是一步步走过来的，中国特色社会主义道路是一步步探索出来的。”它何尝不是外公一生家国情怀的概括，黑色的文字连成句子，融入心中，质朴简单，身体力行，为小家，为大家。

“但我想，黄土高坡曾养育了我的父辈，她也一定会以自己宽大的胸襟接纳我这个不谙世事的孩子。”我不记得是从哪儿第一次看到这篇文章，只记得望见的第一眼，便顺着黑色的笔墨装进了日记匣子里。2015 年 6 月，时间定格在高考后的那天，从市里赶回来的我，终是没有见到爷爷最后一面。他最后一刻，手中还握着为庆祝我高考顺利结束，大清早前往菜市场购买的新鲜猪肉。丧仪后，奶奶说道：“你爷爷总是挂念你，他讲着国家政策好，你能安心读书，不像他大字不识一个；他讲着能有如今的生活，都是享着共产党的福；他讲着挖了一辈子藕，不用再下地，领着国家的社保金。”到最后，我都没勇气去天井那儿看爷爷留给我的那袋肉，只望着远边烧得通红的天，号啕大哭，我知道，爷爷是真的不在了。

“只有实现中华民族伟大复兴的中国梦，家庭梦才能梦想成真。中国人历来讲求精忠报国，革命战争年代母亲教儿打东洋、妻子送郎上战场，社会主义建设时期先大家后小家、为大家舍小家，都体现着向上的家庭追求，体现着高尚的家国情怀。”那日，手指在日记本侧摩挲，学校足球场侧的国旗伴着正在练习正步的国旗队，夕阳的余晖划过耳畔，我突地脑海回荡起习近平总书记的温暖话语，共产党人的宗旨从来便是全心全意为人民服务。我似乎望见了母亲湖串联一片，荷叶、莲藕与稻田；江河串联一片，高铁、信息化与新能源；还有“协和万邦”“天下大同”与创建全人类命运共同体。我想，那也是外公与爷爷的殷切期望。

中国梦，世界梦。我生于这片土地，无论我去往何方，我始终是这片土地的孩子。不忘初心，志存高远，一切为人民。“马克思主义的中国化，使之在其每一表现中带着中国的特性，即是说，按照中国的特点去应用它，成为全党亟待了解并亟待解决的问题”。

以梦为马，我与我的黄金时代。

千磨万击还坚劲，任尔东西南北风。

改革开放，四十载春风，于我而言，是知识武装头脑，为理想读书的黄金时代；是奥运火炬传遍祖国大江南北，圆梦北京的黄金时代；是“互联网+”，经济化、信息化共享的黄金时代；是航天奇迹，高铁中国造，“一带一路”全球化的黄金时代。于祖国而言，“改革开放是当代中国发展进步的必由之路，是实现中国梦的必由之路。我们要以庆祝改革开放40周年为契机，逢山开路，遇水架桥，将改革进行到底。”偌大的教室回荡着祖国历史的进程，它一步步向我靠近，像黑色默片，慢慢缩小，放映出我的黄金时代。

不知从何处谈起我的理想，倒是想起“思乡”一词。幼时思乡，是豆沙月饼混着绿豆糕的味道，是稚声吟诵的“举头望明月，低头思故乡”，是王昌龄笔下的“洛阳亲友如相问，一片冰心在玉壶”；青年思乡，却是将地图放大后的那一抹，是“纸上得来终觉浅，绝知此事要躬行”的谆谆教导，是“为中华之崛起而读书”的理想信念。在我年少时，父母为了生计，前往广东卖菜，穿梭于乡间小镇卖手工豆腐。至今仍记得小学六年级的那个寒假，大雪将路面铺成了棉花床，我穿着一双白色的帆布球鞋，手中紧紧拽着一张奖状。奶奶说要去街上找人照相，然后寄给远在广东的父母，让他们在远方也能欣慰。

“青年的价值取向决定了未来整个社会的价值取向，而青年又处在价值观形成和确立的时期，抓好这一时期的价值观养成十分重要。这就像穿衣服扣扣子一样，如果第一粒扣子扣错了，剩余的扣子都会扣错。人生的扣子从一开始就要扣好。”思绪被大荧幕上的纪录片拉回，我翻开钱夹子内侧，里面的小人正对着我笑。我知道，当时年仅十多岁的我，举着“优秀学生”的奖状，想透过照片让父母了解我是令他们骄傲的孩子，我是他们朝气蓬勃的希望。理想很宏观，它是观看航天英雄的电视转播后发誓成为了不起的航天员；理想很微观，它是望着奶奶粗糙的双手，想让那忙于土地劳作而布满老茧的双手变得柔滑。

思乡同我的理想，别无两样。理想何尝不是一种家国情怀，带着五千年文化的积淀，带着父辈的殷切希望，更带着中华民族的未来。我们传承着五千年历史所给予的文化自信，追寻理想信念。正如习总书记所说："广大青年一定要坚定理想信念。'功崇惟志，业广惟勤。'理想指引人生方向，信念决定事业成败。没有理想信念，就会导致精神上'缺钙'。中国梦是全国各族人民的共同理想，也是青年一代应该牢固树立的远大理想。中国特色社会主义是我们党带领人民历经千辛万苦找到的实现中国梦的正确道路，也是广大青年应该牢固确立的人生信念。"

初心，是奶奶粒粒米淘出来的育人温情；初心，是老师以身育人，铿锵有力地讲解着"个人理想与社会理想的统一，成就中华民族真正的伟大初心"。"得其大者可以兼其小"，只有把人生理想融入国家和民族的事业中，才能最终成就一番事业，用一生来践行跟党走的理想追求。

三

祖国母亲改革开放四十载峥嵘岁月，我用青春芳华歌唱成长故事。十三岁起，我便热爱写作，源于母亲所送的《红楼梦》。为艺考，我拖着行李穿梭于未曾去过的梦想城市，却在两次高考后彷徨迷惘。"妈妈从来都是以你为自豪。妈妈很羡慕你，像我那个年代谈不上理想，只想着赶快工作，节约家里的开支。理想能实现，固然是最好的，但追寻的经历更是人生难得……"犹记得，当我走出考场时，外面正下着大雨，母亲一只手提着塑胶凳子，另一只手撑着伞走向我如是说道。二十岁，我随着学校社会实践的队伍前往崇左市扶绥县中东镇。热烈且兴奋的心，是我身为学生党员的担当与责任。"老师，你看我的画，这是妈妈，那是爸爸。奶奶牵着我，抱着弟弟在房子里。"一个戴着红领巾的小女孩，在最后的报告文艺晚会后，拉着我气喘吁吁地说道。她睁大眼睛渴望地说着："奶奶说了，老师你要是夸奖我的画，她就会给我买一个大的存钱罐。""为什么想要存钱罐？"我顺势蹲下，把她胸前的红领巾解开，又工整地系好。"我要出去看看，带着奶奶去她想去的天安门。我想攒很多的钱，从这里走出去。我也想当老师，和你一样会系好看的红领巾。”“来，老师教你系红领巾，好吗?”我抬起头，伸出手，在暗黄的路灯下，瞧见身后抱着弟弟的奶奶的身影。

每每想起这些画面，我才知道理想很真实，真实到触手可及。因为，一切为了人民。家庭、社会与国家的无私奉献，构成了中国梦的伟大蓝图。我更加坚信习总书记所说的：“2020 年，我们将全面建成小康社会。全面建成小康社会，一个不能少；共同富裕路上，一个不能掉队。我们将举全党全国之力，坚决完成脱贫攻坚任务，确保兑现我们的承诺。我们要牢记人民对美好生活的向往就是我们的奋斗目标，坚持以人民为中心的发展思想，努力抓好保障和改善民生各项工作，不断增强人民的获得感、幸福感、安全感，不断推进全体人民共同富裕。我坚信，中国人民生活一定会一年更比一年好。”

青春芳华，由一个简单质朴的初心连成一个个纯洁美好的小梦。

青春芳华，以四十载改革开放的政策唱响时代青年一段段理想凯歌。

【评语】学生用诗意的语言表达出自己对初心、对理想、对梦想的认识，通过文字，仿佛把人带入学生所描绘的一幅幅社会场景，让人感受到学生家庭对其成长的重要影响。学生对家庭、对国家充满着无限的深情，正如学生在文中所写到的：“理想何尝不是一种家国情怀，带着五千年文化的积淀，带着父辈的殷切希望，更带着中华民族的未来。”相信，学生心中有理想，为梦想而奋斗，必不负青春芳华。

（点评专家：桂林理工大学马克思主义学院院长　邱　杰　教授）

人力资源管理 16-1
高赫婧

井冈情　中国梦

一

习近平总书记在参观“复兴之路”展览时，第一次阐释了“中国梦”的概念。“中国梦”唤起了中国人民对祖国的热爱，激励了亿万中国人为实现中华民族伟大复兴而奋斗。对于大学生而言，忠于祖国，忠于民族，绝不能只停留在口号上，生活中，在努力学习文化知识的同时，应常怀为国为民之大志，从点滴之处践行社会主义核心价值观，努力奋斗，这本身就是在为实现中国梦做贡献。

自 20 世纪 80 年代初，为提升学生的综合实践能力，团中央倡议大学生在暑假进行社会实践活动，得到了各地高校的积极响应，一批批广大学子在社会大课堂中经风雨、受教育、长才干。在新的社会背景下，社会实践是大学生思想政治教育的重要环节，对于促进大学生了解社会、了解国情、增长才干、奉献社会、锻炼毅力、培养品格、增强社会责任感具有不可替代的作用。为培养当代青年在各方面的综合素质，引导学生成长成才，让当代青年成为“有理想、有追求，有担当、有作为，有品质、有修养”的大学生，各高校组织开展了一系列相关社会实践活动，有过百万名大学生参与，数百个国家级重点团队、数万个普通服务队深入农村。此活动让当代大学生认识到建成小康社会的重点在于农村，在于农民。扶贫开发是建设小康社会的根本需要，只有消灭贫困，才能实现人民群众的小康梦，如果困难群众始终得不到精准的扶贫救助，那么这一客观存在的群体必然会成为全面建设小康社会的薄弱环节。因此，全面建成小康社会与实施精准扶贫有着必然的联系。只有所有人都脱离贫困，才是真正的小康。必须深入贯彻落实精准扶贫政策，让每一个贫困人民都得到切实的帮助，从而脱离贫困，步入小康。

社会实践的开展，让作为大学生的我们得到了锻炼，扩大了与社会的接触面，增长了社会经验，培养了动手能力，有助于我们树立正确的“三观”；也给我们创造了一个舞台，将理论知识与实际操作相结合，用理论指导实践，让知识不再局限于书本，用实践去检验所学，学会从实践中学习，从学习中实践。这种实践既是我们大学生见证千千万万中国人实现中国梦的窗口，也是我们大学生一起参与实现中国梦的平台。

二

为落实团中央提出的“井冈情，中国梦”要求，学校组织我们赴井冈山进行社会实践学习。通过现场教学、情景再现等教学方式，增强了我们的爱国主义感，助推了我们的社会适应能力和团队协作能力。将中国梦认识与社会实践有机结合，增强了我们对中国梦的认同感。

井冈精神，走新征程。基地授课井冈山斗争与井冈山精神，让我们重温井冈山艰苦的斗争历史和中国梦背景下的井冈山精神的内涵。井冈山的红色基因是在大革命失败后，中国革命处于低潮、敌强我弱、革命成功道路没有先例可循的情况下孕育和形成的。正是在井冈山，中国共产党走出了一条实事求是的“山沟里的马列主义”道路，使井冈山得以成为中国第一个农村根据地。此后，中国革命从井冈山走向瑞金、走向延安、走向西柏坡、走向北京，并最终走上中国特色社会主义道路。

党旗飘扬，坚定理想。革命的胜利，首先是因为共产党员有坚定的信念。如果没有坚定的理想信念，在我党领导下的革命早已毁灭于敌人的多次围剿之中。红军官兵在颈项上都系有名为“牺牲带”的红带子，表明把自己的生命交给了党，随时准备为党、为共产主义理想而献身。邓小平同志曾经说过，革命的胜利，靠的不是物质力量，而是我们党一直有着坚定、不可动摇、必胜的信念。在如今的大学生学习生活中，不论是在思想政治理论课的课堂上，还是在校园文化营造、社会实践中，都必须开展多形式、多方位的教育，将中国梦融入学生的日常生活之中，增加案例教学和情景教学，增强学生的“四个认同”。

实事求是，勇闯新路。毛泽东同志曾说过:“没有调查就没有发言权。”在井冈山的革命道路中，毛泽东同志一直都坚持对基层军队的调研工作。每到一处村庄，为更好地了解当地的情况，他都要求警卫员找来当地的报纸、族谱等做详细的研究，不断吸收新的知识与信息，从而做出最佳的决策与判断。毛泽东同志在秋收起义没有成功之后，改变计划，进军井冈山，并建立根据地，创造性地提出了许多新的作战方法。这些都是因为毛泽东同志实事求是，在了解实际情况的基础上，敢于对新的方法、新的途径进行探索和总结，善于在原有的马克思主义理论基础上进行发展和创造，使之更适合中国的国情。正是得益于毛泽东同志的探索，中国革命才没有失败，才能以星星之火可以燎原之势席卷全国，在广袤的中华大地落地生根，为中国革命的最终胜利奠定了坚实基础。

不忘初心，牢记使命。习总书记的中国梦是基于历史和时代发展提出来的。自中国近代史开端以来，便饱受列强侵略，但中华民族并没有被折断脊梁，它仍然如苍松般屹立不倒，纵使有积雪压弯了枝头，却依然能傲然挺立。在屈辱中，中国人民深刻体会到了只有强大才能保护国土与主权。无数的中国仁人志士奋起，历经百年斗争，1949 年中华人民共和国的成立使中国成为拥有独立主权的国家，实现了国家独立、社会稳定和民族团结。1978 年，在国家和民族命运的转折点上，邓小平同志以高远的目光、坚定的信念，提出了“以经济建设为中心，改革开放”的基本国策。这一决策的提出，得到了全国人民的积极响应，从此中国的发展步入正轨，以令世界瞩目的速度高速发展，经济振兴，文化繁荣，中国再次崛起于世界的东方。历代领导人不断探索奋进，不断推进改革开放，使国家各方面迅速发展，提升了经济实力，提高了国际地位。同时，一代代领导人坚持将马克思主义理论与中国实际相结合，理论体系不断发展和完善，伟大、光荣、正确的中国共产党正以高昂的精神状态，不忘初心，带领中国人民朝着国家富强、民族复兴、人民幸福的梦想前进。

在井冈山这片土地上，埋葬着许多革命先烈，他们都为了人民群众的幸福献出了自己宝贵的生命。我们怀着敬畏之心，步入革命先烈纪念馆，默哀并庄严地重温了中国共产党入党誓词。抚今追昔，我们佩服革命先烈的忠贞和坚定。在井冈山期间，授课老师和我们分享了一件事：一群小学生暑假来到井冈山，老师问道："同学们，路途遥远，来到井冈山，你们累了么?"有的同学回应道"不累"，有的则默默地低下了头。见此情况，老师追问："你们来井冈山后悔了么?"这时，低下头的同学抬起了头，说："后悔了，我原本以为来井冈山是旅游的，没想到要学习，好累。"听到这话，老师心里很不是滋味，泪花开始在眼眶里打转。她说，井冈山上的每一块砖都是无数革命先辈用血与肉铸成的，可现在的人，生活富裕了，却忘记了历史，忘记了这片土地上的英骨。道理讲再多，如果内心没有接受就等于零。只有让学生亲身体验，降低理论知识的枯燥性，让理论"活"起来，提高学生的兴趣和学习积极性，才能加深学生的认识和认同。积极参加社会实践，亲身感受曾经的历史沧桑和时代的变化，亲身感受当今新生活的来之不易。无疑，在井冈山的实践潜移默化地改变、提升了我们青年学生的认识。

三

井冈山的社会实践，让我进一步加深了对中国梦的理解和认识，也对中国梦与社会实践之间的关系产生一些新的思考。

开展中国梦教育，切实培养大学生实践能力。目前，我国高校在大学生社会实践开展的实效方面存在一些问题，如实践的目的应多聚焦大学生的社会责任感，以及结合专业开展实践锻炼，切实提高大学生对国情、民情的了解。许多大学生目前还缺乏这方面的意识和能力，学校应支持引导，如在物质上给予资助、精神上给予鼓励，将大学生社会实践纳入高校教育教学评估考核中，从而引导大学生积极主动参加社会实践活动，在活动中不断提高自己的综合素质和专业素养，成为新时代复合型、应用型人才。

开展中国梦教育，增强大学生内心的理想信念。重走革命先辈走过的路，感受革命精神。体验石板坚硬，道路崎岖蜿蜒，才知革命先辈的艰辛；深入农村，感受新农村建设的力量，才知党的惠农政策，激发撸起袖子加油干的热情。无论是哪一种社会实践类型，都应在服务社会的同时有效促进参与实践的学生综合素质的提高，进而激发学生爱家、爱校、爱国的情怀。

开展中国梦教育，引导大学生树立正确的世界观、人生观和价值观。社会实践帮助大学生了解国情、深入社会、锻炼思维、树立团队合作意识、提高解决实际问题的能力，在我们青年大学生眼前呈现出一幅幅包罗万象的真实社会图景：有举世瞩目的成绩，有催人泪下的百姓故事……印证了“纸上得来终觉浅，绝知此事要躬行”；它用最直观的方式打开了大学生的感官和思维。在社会实践过程中，我们在老师的教育引导下，利用自己的专业知识和技能，服务奉献社会，增长才干，将个人梦有效融入中国梦，把个人理想与国家理想相结合，立志为祖国的建设和发展贡献力量。

【评语】学生通过到井冈山革命圣地的实践之行，了解了当时革命岁月的艰苦历程和共产党人的初心使命。生动的教学、鲜活的事例促使学生思考作为新时代大学生该如何作为，文中的认识体会既生动又深刻，可以看出学生通过井冈山的社会实践提升了自己对中国梦的理解和认识。同时，学生也希望我们的教育要“接地气”，通过社会实践的平台，真正让理论教育“活”起来，这样才会使得理论教育管用。

（点评专家：桂林理工大学马克思主义学院党委书记　王青山　教授）

测绘工程 15-1
蓝燕映

在实践中追梦圆梦

每个人都有自己的梦。实现梦想，不能一味地侃侃而谈，迈开脚步踏上征程，才有到达梦想彼岸的那一天。作为当代大学生、新时代的青年人，我们更应该怀揣梦想，在追梦的过程中不懈努力，把自己的梦与伟大复兴的中国梦紧密结合，在实践中一步步接近心中的梦。每年的暑期“三下乡”社会实践活动，给了我们一个走进现实的机会，让我们能够走出校园，走出广西，甚至走出中国，去看看更大的世界，去发现自己的不足，为我们的追梦之旅积累知识和经验。

一

2016 年暑假，我有幸参加了学院赴浙江德清地理信息产业园的暑期社会实践活动。进入产业园的第二天，便是创新创业实践基地揭牌成立之日。仪式结束之后，实践团在杭州经纬信息技术有限公司德清分公司总经理陈青海师兄的引领下，参观产业园内入驻的一些代表企业。不管我们到哪个企业，只要有显示屏幕，负责作企业介绍的员工都会给我们播放企业及地信梦工厂宣传片。激昂的音乐，让我感觉整个人都有了力量，看着宣传片中那群有朝气、有梦想、有干劲的青年人，我希望那就是我以后的样子。我们来到了陈师兄的公司，在环境轻松、视野开阔的员工休息室里，他分享了他的成功秘籍：选择、坚持、适应、能力。陈师兄是我校 2007

届毕业生，他坚守自己的选择，不断提高个人能力，一步步走到现在。谈笑中，陈师兄一直耐心地回答大家提出的问题，他说看到我们，就像看到了那时刚刚毕业的自己，眼里虽然充满好奇，但心中怀揣着梦想。

地理信息产业园目前已有一百多家企业入驻，其中七家代表性企业——南方测绘、中测新图、浙江国遥、浙江泰乐、浙江正元、杭州经纬、浙江帝测在地信梦工厂开展了校企招聘宣讲活动，企业代表们对本企业具体工作范围、发展理念、所需人才条件等方面进行了详细的解说。而所有的这些对于刚刚结束大一学习生活的我来说，虽然理解还不是那么到位，但深深感觉到在学校所学到的知识还是远远不够的，今后还需要不断学习积累。“学习”永远不会有尽头，在学习的过程中不仅可以学到新知识，还能提高自己的能力，让自己走得更远。只有让自己变得愈加优秀，才能多一些选择的机会。

习近平总书记指出，青年最富有朝气、最富有梦想。一代青年有一代青年的历史际遇。我们的国家正在走向繁荣富强，我们的民族正在走向伟大复兴，我们的人民正在走向更加幸福美好的生活。当代中国青年要有所作为，就必须投身人民的伟大奋斗。同人民一起奋斗，青春才能亮丽；同人民一起前进，青春才能昂扬；同人民一起梦想，青春才能无悔。的确，在实践考察中，我感受到国家正不断地为青年人提供实现梦想的平台，我们青年人只要心中怀揣梦想，总能找到实现梦想的路径。德清地理信息产业园正是一个年轻的梦想孵化基地，在这里打拼的几乎都是二三十岁的青年人，他们在追寻梦想的路上迈着坚定的步伐，用双手逐步描绘出自己绚烂的青年梦。

二

2017 年暑假，我和学院社会实践团再次出发，来到钦州产业园。2012 年 4 月 1 日中国-马来西亚钦州产业园区（以下简称中马钦州产业园区）正式开园。中马钦州产业园区是中马两国政府合作的第一个产业园区，是中马两国政府在中国-东盟自由贸易区建成后双方进一步加强战略伙伴关系、深化经贸投资合作、共创中国-东盟合作的示范项目，将成为中国-东盟合作的新平台、新动力、新亮点。中马钦州产业园区以打造中国-东盟合作的示范园区——“中马智造城、共赢示范区”为目标，着力建设先进制造基地、信息智慧走廊、文化生态新城、合作交流窗口。在中马两国政府的支持下，中马钦州产业园区和马来西亚-中国关丹产业园区共同开辟“两国双园”国际合作新模式，成为服务国家“一带一路”倡议、构建以园区为载体推进国际产能合作的先行探索和积极实践，进一步丰富了中国-东盟自由贸易区升级版的内容。

见到园区中心建筑的第一眼，感觉就像一个度假村，楼房两边整齐地种着高高的椰子树，时不时有凉爽的微风吹来。进入大厅，映入眼帘的是一幅庞大的产业园模型。随后园区负责人带领我们在大厅附近走了一圈，这里的建筑风格让人觉得很舒服。整个园区很大，我们坐上大巴进行了简单的参观。园区内仍有很多在建设的建筑，绿树成荫，道路干净宽敞。艰难困苦，玉汝于成，过去荒芜的滩涂已经是另一番光景，新建的道路纵横交错、标准厂房现代气派、城市绿地美丽清新……宜商、宜居、宜游、宜工、宜学的中马钦州产业园区正以蓬勃发展的态势，改变着北部湾畔的发展格局。园区负责人陪同我们到钦州港参观。钦州港是国家级经济技术开发区，位于中国南方沿海，北部湾的钦州湾内，背靠大西南，面向东南亚，地理位置非常优越。钦州港是我国西南海岸上的天然深水良港，水域开阔，风浪小，来沙量少，岸滩稳定，具备建设深水泊位的有利条件。同时，钦州港也是中国西部沿海唯一的保税港区。一下大巴，每个人都是惊叹的模样，眼前的场景令人震撼——橙红色的吊机如巨人屹立、一艘艘轮船停靠在岸边。站在海岸边静静感受这一刻凉爽的海风，看着辽阔的大海，心里一下子变得豁达起来。

告别辽阔的大海，大巴司机带我们来到钦州港附近的丝路·世品会——国际商品直销中心。在这里我看到了来自世界各国的商品，有德国纯正啤酒、日韩原装化妆品、非洲玛瑙等。除了别国地区馆入驻直销中心，我国广西邮政、北港商贸等企业也在这里开展业务。

学一行，爱一行。两年的大学学习让我对测绘专业有了更多的了解。但经过实践才知道，我对它还是所知甚少。测绘真的是一门有意思且“接地气”的专业，虽然课本上的知识学起来枯燥无味，但在实际生活中的应用却让人惊叹。小到手机地图导航，大到城市规划管理，都能看见它的身影，这给了我们测绘人更多实现梦想的可能。每个行业的人都可以去发现本行业的独到之处，在追逐个人梦的同时，为中国梦的建设添砖加瓦。

三

实践出真知，理论只有付诸实践才能真正立住脚跟，梦想也需要在实际中一步步努力才能真正实现。2018 年暑假，我没有选择加入社会实践团队，而是选择来到南宁市勘察测绘地理信息院的航测制图中心实习。

该航测制图中心成立于 2006 年 10 月，主要从事航空摄影测量、遥感数据处理、大比例尺数字地形图（DLG）生产、数字正射影像图（DOM）生产、数字高程模型（DEM）生产、地图编制等测绘生产业务，为城市规划、建设、管理提供基础测绘数据。来到航测制图中心时，部门正在利用清华三维 EPS 软件生产武鸣至南宁一条快速路的 1∶500 地形图。地形图能让施工单位更直观地了解规划路线上地物的具体位置、面积、数量，做出更具体的施工方案。在学校时我仅用 CASS 等绘图软件进行上机练习，但真正投入实际生产要求应该更加严格。

第一天负责人刘姐并没有给我安排具体任务，现场演示地图采集的过程并讲解其中的要点之后就让我自己摸索软件。我在学校也接触过三维模型，但航测制图中心的模型更加清晰、直观。看着刘姐操作熟练，我本以为不会太难，但实际操作时却状况百出，一不留神就不知道将三维实景翻到了哪个角落，画出的路、地类界、河流线等也是形状各异，不够圆滑。第二天刘姐便让我从结合表上签一份图，找到对应的实景三维图，将结合表粘贴到三维图上开始采集地物。采集地形图最主要的是准确，不仅仅是指地物的大小、位置，属性也是不可缺少的要素，对每一个固定地物的描述一定要准确无误，如果内业无法判别则进行标注，交给外业人员补测核实。采集地物结束后，还要采集高程点绘制等高线。采集高程点的难度在于，当遇到植被覆盖比较严重的地方，不好判断应该减去多少植被高度时，只能根据周围裸露的地表或者根据经验判断。同时，采集高程点还要兼顾密度，呈“品”字形排布。等高线则是选中高程点之后由系统自动生成，但这只是初步内容，还需要对每一条等高线依次检查，不紧贴地面的地方要手动修改。在实习过程中，航测制图中心还多次举办专题培训会，对房屋、等高线、石头山等难点进行讲解，并对地物采集做出统一要求，以确保成果的统一性、规范性。

绘制第一幅图差不多花了两周时间，在这期间我将软件的各项功能都逐步摸透，对地物的判断也愈加准确，本以为绘制第二幅图应该游刃有余，谁知“一山更比一山高”，困难远比我想象的多。每一幅图涉及的地物都不一样，高精度就意味着每一个细小的固定地物都不能放过。此外，每天都重复一样的工作让我难免有些烦躁。在部门例会上，主任提到采集地形图也是一个磨炼心性的过程，我们的工作本来就容不得马虎，要有足够的细心和耐心。

这一个多月的实习经历，让我从美好的大学校园生活踏进了现实，学校老师教给我们的东西只有真正运用时才能转变为自己的。我们总说，这个时代是属于青年人的，其实更准确地说，这个时代属于有梦想的青年人。我们满怀希望踏入社会，决心打拼出属于自己的天地。但现实总是残酷的，我们需要考虑很多因素，但也正是因为这样，梦想实现的那一刻才显得更加珍贵。

学校近年来不断提供给学生外出实践的机会，每一年的“三下乡”“百千万”项目都受到同学们的热烈欢迎。正是这些大大小小的机会让我们能够来到农村、企业甚至国外高校，与学校外面的世界有了更多的联系，让我们更加了解国情、民情，为我们树立崇高理想打下坚实的基础。同时，也让我们认识到，中国梦的实现需要每一个人的努力，敢于有梦、勇于追梦、勤于圆梦，一个个的小梦想最终汇成强大的中国梦，最终实现中华民族复兴之梦。

【评语】学生用真情的笔触描述了自己三年实践期间每次追梦之旅的感受，展示了一位积极向上、热爱专业、立志报国的新时代大学生的精神风貌，读来很是令人感动和振奋。学生没有空谈中国梦，而是结合自己的专业，从对专业的逐步深入了解，引申出要实现中国梦，青年人必须要有真本领。的确，正如习总书记所说的，“中国梦不是镜中花、水中月，不是空洞的口号”。青年人要敢想、敢干、敢于追梦，才不会辜负时代的重托和历史的选择。

（点评专家：桂林理工大学南宁分校党委书记　白永生　副教授）

英语 15-3
李新源

青春奋进　梦圆中国

一

2015 年 9 月，十年寒窗苦读后，我终于收到了来自桂工的“邀请函”，我很高兴，也很激动，因为这是我所喜爱的桂工，是我所填的第一志愿，所喜爱的英语专业。酌贪泉而觉爽，处涸辙以犹欢。农村那一望无际的田野与阡陌纵横的乡间小道，处处散发着乡间淳朴的气息，与蓝天白云交相辉映，像是在勾画乡间应有的那份美好。记得六七岁的时候，家里经济贫困，得益于国家的好政策和救助金，我才安心顺利地上完小学、初中。每次看到奖状上的“为共产主义事业而奋斗终身”，还懵懂的我，并没有理解其中的真谛，只觉得这个事业很神圣、很伟大，现在我理解了，不管在哪，只要能够发光发热，哪怕是极为微弱的晨光，也是为社会主义、为实现我们的中国梦添砖加瓦，从此唯有努力，才不负青春韶华。即将踏上期待已久的大学之路时，有惊喜，有彷徨，还有一丝丝的忧虑：大学里高昂的学费，该如何负担呢？最终，是国家的资助政策解决了我的经济问题，靠着国家助学金及父母微薄的收入我终于如愿地上了大学，这使我更加体会到上学机会的来之不易，更加珍惜在校读书的美好时光。不忘初心鸿鹄志，正如《周易》所著，“天行健，君子以自强不息；地势坤，君子以厚德载物。”我秉持着“厚德笃学、惟实励新”的校训，大学两年多以来，始终严于律己，自立自强，以身作则，在各方面严格要求自己，向着既定目标不断努力奋斗。在校期间，我积极参加学校的勤工俭学，担任学院学工办助理一职。尽管有时候加班整理材料到晚上十点，作业得熬夜写，但我很珍惜这个自立自强的机会和平台。为了增加社会实践的机会，我还利用寒暑假到英语培训机构、英语夏令营兼职和实习。在这过程中，有泪水，有汗水，但更多的是成长与收获。在减轻家里负担的同时也大大增加了我的社会阅历，锻炼了自己自立自强的品格。艰苦的生活给我的最大启示就是要坚持梦想，自立自强，心怀感恩，奉献社会。我永远忘不了在我最需要帮助的时候，那些曾经帮助过我，给予援手的人，以及让我能顺利读书求学的国家资助政策。因此，我积极参加各种公益活动，从身边小事做起，去帮助那些需要帮助的人，心怀感激之情，回报社会，服务老师和同学，如积极参加志愿服务、看望聋哑儿童、走访老兵、慰问孤寡老人、支教等活动。我一直提醒自己，滴水之恩，当涌泉相报。回报社会和他人，是我要用一生去履行的诺言。

二

每次读到习总书记的话语，身体就会充满正能量，每次都会觉得自己成长了很多。就像习总书记提到的，现在，青春是用来奋斗的；将来，青春是用来回忆的。不要妄自菲薄，要自强不息。我知道，自强自立是自己的天性。但是，我也明白，大学的学习和生活需要自己在各方面不断地提升，从小处着手，踏踏实实，日日精进。

在学习上，我深知学习如逆水行舟，不进则退，尤其是大学学习阶段是为将来的职业生活打下基础的阶段，容不得马虎和懈怠。在过去的学习中，我丝毫没有放松对专业知识的学习，抓紧分分秒秒沉浸在知识的海洋中，同时积极求教，不断拓宽自己的知识面。在老师与同学们的帮助下，我取得了比较理想的成绩，在大一和大二学年里，我的综测成绩连续两次排在同年级同专业的第四名，并且通过了英语专业四级的考试，积极参与各项活动和竞赛。在思想上，我积极向党组织靠拢，参加党团培训，获得了入党积极分子“优秀学员”的荣誉称号。在社会实践能力方面，两年来我积极参与大学生创新创业项目；与此同时，我还积极参与暑期“三下乡”等社会实践活动，积极发表新闻通讯稿；在 2016 年的“桂工杯”硬排球赛和气排球赛中，作为排球教练的我，连续两次带领学院女排取得了第三名的成绩。在工作上，作为现任学院团委副书记及 2017 级学长组的学长，我带领班级获得了学院广播操二等奖；在团委和学生会里，我有条不紊地组织开展各项活动，创新工作方式，在优秀学生会评比中，带领本学院的学生会获得第三名；在生活方面，我热情地帮助同学，与同学齐心协力提升班级的学风学气，积极配合班干部开展各项工作和活动，所在的班级获得了五四红旗团支部、先进班集体、活力团支部等荣誉称号。在学习之余，我深知身体是革命的本钱，不仅课后积极锻炼，平时还积极参加院校组织的各类体育赛事。除此之外，我还在宿舍积极帮助日语专业的舍友复习备考英语四级考试。青春韶华，只争朝夕。在这两年多的时间里，无论是在学习、能力、工作还是思想方面，我都得到了很大的提升。我深信，只要拥有强大的信心、耐心和决心，必能在成长的道路上攻坚克难，实现梦想。

三

2017 年暑期，为深入贯彻学习习近平总书记关于青年成长成才的一系列重要论述，引领和帮助广大青年学生在社会实践中受教育、长才干、做贡献，以青春建功的实际行动，为全面建成小康社会贡献青春力量，高举中国特色社会主义伟大旗帜，深入贯彻习近平总书记系列重要讲话精神和治国理政新理念、新思想、新战略，贯彻落实习近平总书记青年工作思想，践行社会主义核心价值观，让大学生感受到“一带一路”倡议给北部湾地区带来的积极影响和变化，我们学院社会实践团队来到了充满滨海气息、充满“丝路”精神的广西钦州，开展了为期三天，以“‘一带一路’

北部湾地区建设发展学习调研”为主题的暑期社会实践活动。本次活动旨在通过参观北部湾大学建设情况，了解北部湾大学将来为服务钦州和北部湾经济区发展的支撑功能，以及在“一带一路”中的重要战略地位。

第一站我们参观考察了钦州学院“北部湾大学”的建设情况。钦州学院之行契合了我们调研“一带一路”与北部湾地区的发展关系主题。在我们眼里，新校区的总体建设富有特色，建筑物呈现出滨海风光、岭南风格、东南亚风情。我们还参观了陶瓷与设计学院，观摩了坭兴陶的制作过程和成品展示。在“一带一路”这个发展机遇下，具有地方特色的坭兴陶将会有怎样的发展呢？带着问题，我们跟随负责接待我们的陶瓷与设计学院的韦忠德老师和韦欢芸学姐进行了深入的了解。坭兴陶是钦州的传统工艺，作为中国的四大名陶之一，有着悠久的历史，以广西钦州市钦江东西两岸特有的紫红陶土为原料，将东泥封闭存放，西泥取回后经过四至六个月以上的日照、雨淋使其碎散、溶解、氧化，达到风化状态，再经过碎土，按4∶6的比例混合，制成陶器坯料。东泥软为肉，西泥硬为骨，骨肉得以相互支撑并经过坭兴陶烧制技艺烧制后形成坭兴陶。我亲身体验了一把制陶过程，真是一种美妙的感觉！在双手的抚摸下，没有生命、湿润润的泥巴，一边旋转，一边升高，慢慢成形，恰似生命的流转，从此被赋予了灵气和故事。通过“一带一路”这条纽带，坭兴陶制陶人的匠人精神与情怀，坭兴陶的艺术与美感一定能趁此契机得到更好的传承与发展，借助这条“丝带”走出国门，走向世界！

第二站我们参观考察了钦州保税港区的建设情况。钦州保税港区是广西北部湾经济区开放开发的核心平台，是中国-东盟合作及面向合作开放开发的区域性国际航运中心、物流中心和出口加工基地。我们来到钦州保税港区广西北部湾经济区，从这里了解到，钦州保税港区是继上海洋山、天津东疆、大连大窑湾、海南洋浦、宁波梅山之后的全国第六个保税港区，是我国中西部地区唯一的保税港区，也是中国距东盟最近的保税港区，地处中国-东盟国际大通道和西南地区出海的最前沿，是广西北部湾经济区开放开发的核心平台和强力引擎。我们还参观了国际商品直销中心，在那里，借助“丝路”这条纽带，可以很便利地买到国外的进口商品，为居民的生活带来便利，也进一步加强了国际经济贸易的发展与合作。

第三站我们参观了中国-马来西亚钦州产业园区。在产业园区负责人的带领下，我们对产业园区进行了系统的参观。园区采取“产城融合”模式，规划建设有四大功能区：工业区、科技研发区、配套生活服务区和生活居住区。这是中外政府间合作建设的第三个园区，与马来西亚-中国关丹产业园区共同开创了“两国双园”国际园区合作的新模式。我们参观了一期工程启动区，产业园区的服务局副局长张建德用语言为我们绘制了一幅产业园区的蓝图，并且详细地给我们介绍沿途经过的、正在开工建设的项目区，基础设施配套齐全，蓝图规划非常美好，有与广西师范大学合作的一批中小学基础教育项目，有设备一流的现代综合性医院，还有已经完工投入使用的职工公寓等项目。配套生活娱乐设施是为了把企业生产之外有共性的问题集约化解决，既能促进生产又能方便生活，免除了企业的后顾之忧。产业园区的建设推进了产业结构调整及优化升级，加强了与东盟国家的合作与交流。

此次钦州之行对于我来说不仅仅是一次参观，感受更为深刻的是在建设“一带一路”的国家大背景下，地区经济稳步发展，改革开放力度空前。首先，北部湾大学的建设提升了北部湾地区的重要经济战略地位，加快了发展步伐。北部湾大学的建设，是高校人才的培养与经济带的有机结合，为实现北部湾地区与周边国家的深化合作，打造了一个经济、文化、政治的互利共同体，成为西南、中南开放发展新的战略支点。利用地缘优势，打造教育对外开放平台，加强和不同地区国家之间的合作与交流，走出了一条具有广西特色的教育国际合作与创新之路。其次，钦州保税港区的建设，为钦州与西南、中南内陆城市合作打开了合作的空间。其背靠大西南，面向东南亚，是水陆的交通枢纽，有利于提升广西北部湾经济区港口在世界港口航运发展中的功能和地位，为钦州推动共建西南、中南地区内陆“无水港”提供了无限的可能；其地处中国-东盟国际大通道和西南地区出海的最前沿，是广西北部湾经济区开放开发的核心平台和强力引擎，有利于基础设施、产业升级、港口物流的发展。最后，中-马产业园在“一带一路”倡议的影响下，将会不断扩大和深化与东盟的开放合作，积极推进经济一体化，促进现代物流业的发展，推动进出口贸易的增长，从而提高对外开放水平，推进泛北部湾经济合作，这对加快中国-东盟自由贸易区建设具有深远的意义。总之，我坚信，不论是在教育方面还是在经济对外开放方面，北部湾地区在“一带一路”倡议的契机下都将呈现出突飞猛进的势头，宛如一轮淡蓝色明月，在南疆北部湾蓝色的大海上散发它应有的光芒，熠熠生辉！

2018 年，即将踏入大四的我深知，这是自己的另一个新起点。习总书记曾经说过，青年的人生之路很长，前进途中，有平川也有高山，有缓流也有险滩，有丽日也有风雨，有喜悦也有哀伤。心中有阳光，脚下有力量，为了理想能坚持、不懈怠，才能创造无愧于时代的人生。未来是属于年轻人的时代，一物不知，深以为耻，便求知若渴。我一直把习总书记对青年的寄语铭记于心，未来是属于青年的。是啊，每个人都应该拥有自己的梦想，因为我明白，人若累了，出的只不过是一身臭汗；心若累了，人生便不会再有什么奇迹。不拼不搏，人生白活；不苦不累，人生无味。难过就哭，开心就笑，有梦就追，这样才能青春不留白。我将以百倍的信心和万分的努力去迎接更大的挑战，用辛勤的汗水和努力的耕耘去书写更美好的明天！

【评语】学生虽然来自经济困难家庭，但没有自暴自弃，而是自立自强，奋发有为，在大学的时光里不断充实自己、提高自己，取得了一项又一项成绩。同时，学生心怀感恩，服务同学，展现了积极的心态。学生还结合到钦州等地的实践之行，谈了自己对“一带一路”倡议的理解和认识。从学生的字里行间，能看出学生对梦想的追求和不服输的志气，相信心中有梦想的青春一定会更加靓丽。

（点评专家：桂林理工大学马克思主义学院　耿俊茂　教授）

无机非金属材料工程16-1
梁广钦

在社会实践中感知中国梦

一

2100多年前，张骞两次出使西域开辟了一条横贯东西、连接欧亚的陆上“丝绸之路”。2013年9月和10月，国家主席习近平在出访中亚和东南亚国家期间，先后提出共建“丝绸之路经济带”和“21世纪海上丝绸之路”的构想，得到国际社会的高度关注和有关国家的积极响应。

北海，作为我国西部为数不多的沿海城市，同时又是泛北部湾经济区的核心城市之一，对于国家实施区域发展和对外开放政策具有重要的战略意义。由于独特的地理位置，北海早在两千多年前就成为中国对外贸易的重要门户。据历史资料记载，北海还是我国古代海上丝绸之路的始发港之一。近年来，“21世纪海上丝绸之路”的新构想已经从蓝图逐渐变成了现实，这意味着北海这座古老而美丽的沿海城市将在新时代焕发出强大的经济活力。2016年暑期，我加入了桂林理工大学材料科学与工程学院的创新科技发展观察团，到北海开展为期一周的社会实践活动，主要调研了北海高新工业园区、合浦槐园及广西海洋研究中心等机构和单位。

在北海高新工业园区，我感受到了十分浓厚的创新创业氛围，园区内随处可见的创新型企业为这个充满发展机遇的城市注入了科技活力，“三诺”集团便是其中的突出代表。在“三诺”集团智慧产业园调研的时候，给我带来了最震撼的心灵感受和最直接的视觉冲击。在这里我仿佛看到了我们未来的生活方式，大数据支撑下的全智能家居实时感知主人的需求，并提供推荐方案，超现代化的生活体验让每一位成员都被科技的魅力所折服。毫不夸张地说，那种感受就像是十年前的人们看到如今的智能手机一般。“三诺”集团做到了将科技创新技术成果及时转化，把电子产业的前沿技术大胆地应用到现代常用电子产品的功能设计之中，使产品充满了科技感，让人们享受到最新的科技成果，同时为其产品提高了市场竞争力。除此之外，我发现“三诺”集团的营销方式有很强的灵活性，首先由客户把需要的产品特点和功能描述出来，然后由“三诺”集团负责设计并生产，这种方式相对于传统的营销模式来说更有利于资源的合理化利用。

当然，“三诺”集团只是高新工业园区内数十家创新企业的一个缩影，每一个创新型企业都有其领先于业内大多数竞争对手之处。我认为，创新科技的灵感来源于生活，其成果也必须服务于生活。当一项新的科技从实验室中走出，真正地走进人们的生活中并得到广泛应用时，它才能最大限度地向大众展示自己独特的魅力，也正是如此，科技正逐渐地改变着人们的生活方式。此外，对于一个企业而言，丰富的人文内涵尤为重要，一个人文内涵丰富的企业与其他企业相比会更具凝聚力，员工们更有幸福感。国家的优惠政策为我国高新创新型企业的孵化和成长提供了前所未有的良好环境。我相信，在不久的将来会有更多的高新企业入驻这里，北海将会成为泛北部湾经济区最耀眼的明珠，成为带动我国西部经济增长的重要辐射点，迸发出新时代“新丝路”的青春活力。

在合浦县，我们调研了位于廉州西门江畔的“槐园”。据历史资料记载，“槐园”故主王崇周先生出身于书香门第，深受西洋文化教育和进步思想的影响与熏陶。在民国时期，王崇周先生大力支持地方社会公益事业，曾创办“雁秋小学堂”，免收学费，还筹建合浦医院、募捐广州合浦学会、支援十九路军、经营《粤南日报》、重修东坡庭、维持县城治安等，是当地有名的爱国志士。

习近平总书记说过：“改革创新体现了中华民族最深沉的民族禀赋，

反映了当代中国发展进步的要求。”“爱国主义精神深深根植于中华民族心中，是中华民族的精神基因，维系着华夏大地上各个民族的团结统一，激励着一代又一代中华儿女为祖国的发展繁荣而不懈奋斗。”在历史上的任何一个时期，始终有一大批爱国仁人志士在中华大地上活跃，他们为了国家利益和人民幸福甘愿牺牲个人利益，包括献出自己的宝贵生命，这是一种崇高的爱国主义精神。中国梦是中华民族最伟大的梦想，实现这一伟大梦想，要求我们不仅要在物质上强大起来，而且要在精神上强大起来。中华文明生生不息，中国精神薪火相传。“没有振奋的精神、没有高尚的品格、没有坚定的志向，一个民族不可能自立于世界民族之林”，以爱国主义为核心的民族精神是凝心聚力的兴国之魂、强国之魄。

在广西海洋研究中心的“珊瑚研究实验室”，我看到了许许多多被处理过的珊瑚礁，虽然很美，但是却毫无生命气息。研究中心的助理说：“其实珊瑚的成分主要为碳酸钙，并没有什么药用价值，但是作为海洋里重要的物种，珊瑚的间接生态价值远比直接的实用价值重要得多。”生命才应该是世界上最美好的东西，而死去的东西，即使再漂亮，也不过是一种变态的美丽。在调研过程中我了解到，由于受人们好奇心的驱使，市场上对珊瑚制品的需求量不断上升，珊瑚礁也因此被破坏得越来越严重。此外，环境污染日益严重，海洋生态环境不断恶化也是造成珊瑚礁被大面积破坏的主要原因。实际上，我们过去某些时期过度追求经济增长速度，一定程度上忽视了对生态环境的保护，导致生态环境受到了不同程度的污染。如今，习总书记指出：“我们既要绿水青山，也要金山银山。宁要绿水青山，不要金山银山，而且绿水青山就是金山银山。”建设生态文明是关系人民福祉、关乎民族未来的大计，是实现中华民族伟大复兴的中国梦的重要内容。环境保护是一项永远没有结束的伟大工程，需要我们一直坚持下去。地球不仅仅是人类的家园，每一个物种的灭绝都意味着其永久性的消失，所有的生命都应该得到尊重。

二

贵州省连接成渝经济区、珠三角经济区、北部湾经济区，是我国西南地区的重要经济走廊。2014 年 1 月 6 日，国务院确立了贵安新区作为西部地区重要的经济增长极、内陆开放型经济新高地和生态文明示范区的战略定位。2016 年暑期，我带领桂林理工大学材料科学与工程学院国情社情观察团到贵州省，分别就贵阳市大数据中心的建设情况和遵义市红色文化的保护现状展开了调研。

我从来不曾怀疑过科技的力量，更不敢小觑创新带来的经济效益和社会效益，每当走进那些高新企业或者科技园区，近距离地观察先进的生产工艺时，总会被科技创新的魅力所折服。在与调研企业管理层的座谈会上，我们与企业负责人之间的讨论过程尤为精彩，不同见解之间的思维碰撞，企业管理人员专业化的耐心解答，令我印象深刻，受益匪浅。岗位轮值的独特体验，同样令我印象深刻，每一个细微的操作，考验的不仅仅是耐心，更体现出一种专注工作的态度及对科学研究一丝不苟的精神。

规模雄伟的贵州科学城正静候来自全国各地的科研机构申请入驻，中科院的一些研究中心已经在里面开始尝试攻克相关领域的技术难题。通过实地参观这座在国家建设大数据中心背景下诞生的“科技之城”，更让我感受到了国家对于人才资源的尊重和爱惜。国家对于科学技术的重视和支持，让我对这些高端科研单位里面的岗位更加向往。环顾四周，看到一幢幢拔地而起的高楼，一处处机器声轰鸣的建筑工地，我仿佛可以想象到在不久的未来，这里将会人才聚集、成果频出，科研成果的有效转化势必会给经济增长带来巨大帮助，甚至可能成为带动我国西南地区经济腾飞的辐射点，为区域经济发展提供技术支持和大数据支撑。如今，我国正处于深化改革阶段的历史性关键时期，而此时选择把一个国家级大数据中心建在相对欠发达的西南地区，是我国全面深化改革在空间上的具体体现。当然，人才资源对于国家建设的重要性不言而喻。对于我们而言，如今最应该做的便是努力学习科学文化知识，进一步提升自己的综合能力，成为祖国需要的高水平技术人才，争取承担起更大的社会责任，为中国梦的实现贡献力量。

红色文化是中国共产党领导全国各族、各地区人民在马克思主义的指导下，结合中国革命进程和各地区实际逐步形成的具有鲜明中国特色、符合中国国情的科学文化体系。在遵义，我第一次感受到如此浓厚而热烈的爱国主义氛围，同时，作为一名共青团员，在这里第一次感受到信仰的力量。在遵义调研期间，不管是红军山石碑上镌刻的铭文，还是烈士纪念碑底座圆环雕刻的浮雕，都在向我无声地传达着一个个悲壮而感人的革命故事。站在烈士纪念碑下为长眠于此的人民英雄默哀，在缅怀先烈的同时也接受着来自灵魂的洗礼。其中，红军坟的故事令我内心最为触动。在与我相仿的年龄，他仅仅为了信仰，为了一个当时对有些人来说也许不会有结果的未来，却宁愿牺牲自己宝贵的生命。我不禁在想：到底是一种怎样的力量能让他如此地坚毅和义无反顾?

听着遵义会议纪念馆讲解员动情的讲述，再看着展厅陈列橱中那一件件革命年代红军先辈们用过的老物件，自己仿佛被带回到那个艰苦卓绝的年代，回到了那个决定中国革命前途的危急关头。一次伟大的转折，挽救了中国革命。在遵义会议会址前重温庄严而神圣的入团仪式，让人热血沸腾的入团誓词回响在会址的上空。这一刻，我感受到了一种责任，一份期待，一个坚定的信念，还有一个无悔的选择。这一次重温入团仪式对于我而言意义重大，这不仅仅是在向中国共产主义青年团宣誓，同时也是在以社会主义接班人的名义向革命先辈们许下一个庄重的承诺。

时代在发展，需要我们用创新的思维和敏锐的视角看待事物，在经济全球化大背景下，各种不同的意识形态开始涌入国门，容易迷惑那些理想信念不坚定的人。作为新时代青年，更应该坚定文化自信的态度，学习我国优秀传统文化，继承红色文化精神内涵、传承红色文化魅力，用习近平新时代中国特色社会主义思想武装自己的精神世界，争做担当民族复兴大任的时代新人。

三

井冈山是中国共产党最早建立的革命根据地。1927 年 10 月 27 日，毛泽东率领工农革命军创建井冈山革命根据地；1928 年 2 月，井冈山革命根据地初步形成。时隔九十年后的 2018 年 7 月，我加入了桂林理工大学“井冈情·中国梦”社会实践团，此时，我已经是一名中共预备党员，但是内心关于“信仰”的困惑仍未解开。为了解开这个困惑，同时提高自己的思想政治觉悟，我毅然选择到全国青少年井冈山革命传统教育基地参加培训。

在培训基地，我们通过现场教育、仪式教育和视频教学等多种方式学习了红军在井冈山革命根据地开展武装斗争的革命历史，了解了许多革命烈士的英雄事迹。从“小井红军医院”旧址到“黄洋界”，从“井冈山革命博物馆”到“八角楼”，井冈山上的每一寸土地都留下了红军革命战士的足迹和鲜血，在那些艰苦的岁月，革命先辈用实际行动证明了什么是信仰，用生命践行了共产党人对人民的承诺。原来，在我们的生命之中，总有一些东西需要我们奋不顾身、义无反顾地去守护和坚持。“八角楼”的灯火闪耀着共产党人智慧的光芒，“黄洋界”的炮声体现着革命战士不屈的反抗，那一刻我才真正地明白：其实，井冈山最美的不是山水，而是革命烈士大无畏的爱国主义情感以及他们为人民谋求幸福生活的坚定信念。如今，井冈山的人民都过上了好日子，社会主义新农村建设的蓝图在这里已经渐渐变成现实，一切看起来都那么美好。但我永远不会忘记，在“小井红军医院”旧址和“井冈山革命博物馆”听着讲解员讲述革命先烈事迹时，那个流下滚滚热泪的自己。不是我不坚强，而是故事太悲壮，悲壮得让人难以置信，如果不是在那个特殊的场合，也许我也不会相信这一个个悲壮的故事竟然都是真实的。流泪绝不代表懦弱，而是出于对革命先烈的缅怀和敬佩，先辈们用宝贵的生命为我们换来了如今的和平年代。但是，我们的使命还没有完成，共产党人对中国人民许下的诺言还没有完全实现，生活在盛世的我们更应该居安思危、不忘初心、牢记使命，走好新时代的长征路。

所有的历史，无论是辉煌还是屈辱都不应该被遗忘，革命精神和红色基因的传承，是我们每一位新时代青年的使命和担当。“同一个世界，同一个梦想”，用中国梦去汇聚世界梦，构建人类命运共同体。伴随着中国的崛起，世界影响力的日益提升，如何增进国际文化交流，在涉及国际重大关系上贡献中国智慧、中国方案、中国价值，是我国作为最大发展中国家和负责任大国应承担的使命。创造、发展、传承于中国革命、建设、改革的红色文化携带着天然优势、散发着独特魅力，初步展示出别具一格的“中国智慧、中国精神、中国气派”。向世界讲好中国红色故事，展现独特的精神内涵，更能给予许多想要发展而尚未发展起来的民族、国家重要的文化启示。

【评语】北海、贵州、遵义、井冈山，在这些地方开展实践的学生亲身感知着中国梦，也经历着思想上的一次次蜕变和升华。通过学生的心得体会，能读出学生对科技创新文化、生态文化、红色文化等的深度感受和高度自信，能读出一位有担当的新时代大学生的梦想和情怀。尤其是学生被红色故事感动而泪眼充盈时，说明文化的力量已深达学生灵魂，这就是认同的力量，这就是信仰的力量！

（点评专家：桂林理工大学马克思主义学院　张　雷　教授）

视觉传达设计 16-1
卢梦也

新时代　新视界

——我眼中的世界梦

作为世界上最大的发展中国家，中国经历了 40 年的改革开放，经济飞速发展，成为世界第二大经济体。习近平总书记的足迹，遍布亚非拉及欧洲、北美等各大洲，向全世界传递了中国的价值追求：中国梦与世界各国人民的美好梦想息息相通。

从中国梦到世界梦，“和平共赢”“构建人类命运共同体”成为新时代中国外交的响亮名词。学校为深入贯彻落实习近平新时代中国特色社会主义思想和党的十九大精神，进一步深化教育教学改革，拓宽人才培养渠道，搭建国际化学习平台，强化“四个正确认识”（引导学生正确认识世界和中国发展大势、正确认识中国特色和国际比较、正确认识时代责任和历史使命、正确认识远大抱负和脚踏实地），培养具有国际视野和国际胸怀的新时代大学生，连续三年开展“桂工百名学子看世界”活动。2018 年，有 200 多名师生远赴马来西亚、泰国、德国、英国、日本、俄罗斯、澳大利亚、哥斯达黎加、柬埔寨学习，而我有幸去了德国。

跨越 9000 公里的大陆，飞向 10000 多米的高空，历经 12 小时的飞行，20 位满怀期待的学子，2 位团队的领航者，迎着盛夏无比灿烂的阳光，正式开启“看世界”的学习交流之旅。这是一次跨越国界的交流与学习，这是一场文化的碰撞、一次眼界的开拓。我来到了美丽的工业大国——德国。

梅赛德斯·奔驰总部：梅赛德斯·奔驰总部位于德国斯图加特，从法兰克福出发约三个小时车程。抵达奔驰总部，映入眼帘的就是各式各样的奔驰车，还有建筑前方正对着的大尺寸奔驰标志。我们跟随讲解老师的步伐进入学习室，先了解了注意事项，随后了解了奔驰的历史，并观看了奔驰的相关纪录片，最后每人拿着通信设备和护眼镜进入汽车生产车间。都说德国是工业大国，是一个十分严谨的国家，在这里确实感受到了浓浓的工业气息与严谨的作风。车间里一排排整齐排列着的原材料及机械设备，全自动的生产系统，机械手臂整齐有序地操纵着这里的一切，没有一般工厂刺鼻难闻的铁锈气味，也没有一般工厂杂乱无章的废弃铁渣，反倒有一种悠闲自在的感觉。舒缓的音乐配上机械手臂运动的声响，工作人员一边组装配置汽车，一边轻声讨论，这一切我们都看在眼里，记在心里。这是一个充满自由和谐的诗意般的工厂。我们参观了两个车间，一号车间主要负责零件的挤压成形与装配，二号车间主要负责“S”系高端车的内、外置装配与成形检验，通过老师的生动讲解，我们系统地了解到一辆奔驰车所历经的四道工序：挤压成形、精度检测、上色修磨、内置外置装配，也见识到自动化生产线实现机构的巧妙与创新及其工序和程序的优越性。

埃尔福特教育集团：埃尔福特教育中心机构总经理 Frank Belkner 给我们介绍了该教育中心的运营模式、所涉领域及人才培养模式。下午教育机构老师为我们开展了关于“未来德国的工业发展方向”的讲座。随后教育机构老师带我们参观了各个实习车间，理论与实践相结合，让我们了解到德国教育的优越性，以及与中国教育的差异。实习车间内有奔驰发动机、劳斯莱斯为波音 747 所制发动机等。在最后一个实习车间里，德方老师向我们展示了学生培养各学年学习内容、考核模式，以及工业 4.0 的微模型——通过云端控制完成系统功能。我们了解到德国的双元教育不同于国内的教育，是高等教育与职业教育双向并行，而教育机构作为中间传送带，将学校学生与企业联系起来，为企业培养专业对口的技术人才。此外，人类控制机器实现各种目的，机器替代机械化劳动力，劳动就业岗位减少，在未来的 20 至 30 年内可替代岗位将剧增。随着人工智能技术的发展，虽然一些岗位会受到冲击，但对待人工智能，我们应当保持“乐观 >

焦虑”的态度，全力投入到技术的研究、发展实践中来。只有这样，才能找准大有可为的着力点，让人工智能始终服务于我们的工作和生活，并造福社会、推动发展。

德累斯顿工业大学：德累斯顿工业大学是德国最大的工业大学，在校学生超过4万，校区分布于德累斯顿的各个区域。在图书馆报告厅内，杜博士给我们做了一场关于德国工业4.0的专题报告。他先简单地介绍了德国近100年来的工业化进程，从1.0的非标准化工业生产到4.0的万物互联都进行了解释说明，并强调工业4.0的最大特点是定制个性化。接下来，又将德国工业4.0与中国工业现状进行对比，从大数据、自动驾驶、雷达和芯片四个方面对德国工业4.0进行了具体分析，从中我们了解到德国工业4.0是由硬件方面机械与芯片的革新和软件方面大数据与人工智能的兴起共同促成的。因此，我们现在需要做的是消化吸收前辈的知识与经验，再从中进行改革创新，为中国制造2025做出应有的贡献。

蒂森克虏伯公司：中国是钢铁需求大国，中国经济发展长期向好的基本面没有变，未来仍然需要大量钢材。中国钢铁将是今后技术合作应用最活跃的领域。以创新驱动发展，加强钢铁行业技术合作和产业链开放合作，实现既大又强“钢铁梦”，也必将使世界钢铁行业受益。我们佩戴安全帽和护目镜参观了蒂森克虏伯公司，工厂内部严格的安全规范及强烈的安全意识值得我们学习。参观之时，负责人清晰的讲解为我们拨开了云雾。科技的力量，加上代代传承，才能够使蒂森克虏伯公司经久不衰，使其产品成为许多知名汽车制造商车架钢材的首选。我们观看了相关基础介绍影片，发现“engineering，tomorrow，together”（工程，未来，共同）是蒂森克虏伯公司在影片中想要表达的中心思想。其中，记忆最为深刻的是关于炼钢炉的介绍，从铁矿石一步步转变为钢水，魔术般的变化凝聚着无数人的心血和汗水。

参观工厂途中，我们不但了解了整个钢铁生产的流程，还重点学习了几种机械的用途。那一个个巨型怪物一般的机械，各司其职，忠心耿耿，虽外表不再年轻，但内核却一直涌动着科技的力量。钢铁厂的全部排放物都要经过严格处理，水资源需要循环使用40次之多。我们不禁感叹绿水青山就是金山银山的重要意义。老牌资本主义国家宁愿花费大量金钱、精力在污染处理上，也要保天蓝蓝水清清，我们在复兴路上昂首阔步前进的同时，对于环境的保护也丝毫不能落下。

空中客车装配厂：德国汉堡的空中客车装配厂，位于汉堡市中心西侧，是空客在德国规模最大的企业，在全世界三大飞机制造中心中位居第二，建筑面积超过350公顷，拥有自己的机场，跑道长达3200米。一进入园区，就见到了我们的guider（向导），他是一位了不起的航空工程师，曾经在我国天津工作过，现今已结束工程师的工作，改做该公司的专项导游。跟随着他，我们开启了一场空客之旅。首先，他给我们播放了空客的介绍短片，主要展现了空客生产全欧洲化的理念，比如A350飞机的机头和中机身段在法国组装，前、后机身段和垂直尾翼在德国汉堡组装，机翼在英国制造，并在德国不来梅装配，这些部件之后都被运往位于图卢兹的A350总装线进行总装。紧接着，他向我们介绍了该工厂负责装配的模块。目前，空客汉堡工厂主要负责空客A320全系列客机（A318、A319、A320和A321）的涂装、总装及交付等，同时也负责A380的部分组装、喷涂、客舱装饰及交付。随后，他带我们走进装配生产线。空客飞机的装配过程非常复杂，在参观现场，我们看到空客大量采用人工来完成装配工作，并没有自动化设备和机器人。所有参观中，令人印象最深的，莫过于空客四发550座级超大型远程宽体客机——A380系列。向导介绍，它的造价为4.45亿美元，每日飞行盈利金额为10万美元左右，是空客21世纪的“旗帜”机型，被誉为“空中巨无霸”。空客可媲美美国波音，是航空航天界的巨擘。在参观过程中，最让我们高兴的是，向导发自肺腑地夸奖了我们，他说中国新一代青年有着极高的道德素质和文化修养。我们深刻认识到，走出国门不仅仅代表了自己，还代表了学校，更代表了我们的国家。新中国的未来就需要有新一代有素质、有文化的青年去担当。

宝马公司：在德国，稳重的奔驰是德国人取得成就后一定要尝试的车型，而宝马车型偏运动风，有活力，这一点在我们走进宝马公司位于莱比锡的中心建筑时就深刻体会到了。宝马公司的工作人员在下面工作，而顶上就是流水线上的车，整个设计科技感十足。建筑外墙上巨大的海报写着“The next 100 years”（下一个100年），宝马公司计划让这栋楼服役100年以上。我们参观的是宝马公司的电动车生产线。电动车靠电力驱动，宝马公司采用碳纤维来制造整个车身，通过加热，使树脂与碳纤维连接起来，然后进行固化，使得改良后的碳纤维具有刚性和优异的性能，从而大大减轻车身重量。在车身超市里，舞蹈的机械手臂和黏合剂将车身完美地拼接在一起。

宝马i系列的车表面采用更为轻便的热塑性材料。在最后的装配车间，几个工人完成一个小的部分，每辆车都是定制好的，一个小盒子里装着需要的所有配件。之前参观的奔驰工厂在装配时，每一辆S级奔驰车全程由一个个性化定制的大篮子跟着，工人完成好当前的装配就要切换到下一道工序。两家汽车公司有着不同的生产流程，却都是很高效的方法，都体现着德国工业4.0的核心内涵——产品个性化定制。宝马莱比锡工厂有许多大风叶，工厂百分之七十的电力供应来自于风力，工厂的可持续性和环保性非常强，机械化、自动化程度令人惊叹。

德国航空航天中心：我们入园后由工作人员带领到一个大厅，航天员出发前和完成任务后都会到这个大厅，我们今天的参观也从这里开始。首先工作人员针对头顶上方的巨大模型向我们介绍了ISS（国际空间站）的构成和功能，强调了国际合作的重要性和空间站的安全性。紧接着向我们展示了航天员进行训练的场所，训练分为行为训练和水下模拟环境训练两个部分，我们参观了航天员训练的设施。随后来到室外，告诉我们如何利用太阳能聚焦产生强大的能量来开展实验，并且介绍了下一步应该如何利用太阳能产生氢气和氧气进行太空储能，让我们懂得了新兴的清洁能源对太空探索的重要意义。最后，我们近距离观察了地面控制中心。向导也介绍了一些激动人心的最新的太空探索计划。通过参观，我首次详细地了解了其他国家的航天探索状况，认识到航天事业既是工程实践，也是基础科学的探索，无论在人力还是财力方面花费都是巨大的。

现在，我们都已经回国，但是在德国的十多天让我永生难忘。我亲身感受到中国和德国实际上是梦想相连的，两国都在科技前沿领域做出探索和努力，为人类的幸福生活而不断奋进。同时，我也明白，当今世界是开放合作的共同体。习近平总书记提出构建“共有共享的人类命运共同体”，是大势所趋、人心所向，这样的世界梦在各国人民的共同努力下一定会实现。

【评语】通过学校搭建的“看世界”平台，学生亲身到发达国家的科技研发基地等走走看看，亲眼看到科技在国家发展中的地位及协同共存的生产协作，自然就会体会到强国复兴之路的责任感和使命感。作为新时代大学生，实现中国梦不是空洞的口号，必须学好专业，实力报国，实业强国，让中国梦在共有共享的世界梦中熠熠生辉，用实际行动践行习总书记的“四个正确认识”。

（点评专家：桂林理工大学团委书记　周国桥）

市场营销 16-1
任婷婷

青年梦　中国梦

一

中国梦，是中国共产党第十八次全国代表大会召开以来，习近平总书记所提出的重要执政理念。中国梦是中华民族近代以来最伟大的梦想。什么是中国梦？习近平总书记曾经解读说，现如今最伟大的中国梦就是实现中华民族的伟大复兴。中国梦就是从中国历史和时代两个维度出发，对中国人民的愿望进行汇总，形成“最大公约数”，在中国共产党的带领下，去开创更美好的未来。习近平总书记曾在国内、国际多个场合就中国梦的具体内涵、奋斗目标、总体布局、实现路径等进行了系统的阐释。中国梦已然成为承载亿万海内外中华儿女梦想和重托的热门词汇。每个人从呱呱落地的那一刻起，就成为社会中的一分子，就注定要将自己的发展和社会的发展联系在一起。每个人的心中都有一个个梦想，不管来自何方，不管从事何种职业，都始终保持着对美好生活的那一份初心、那一份执着，为了实现自己的人生梦想，大家都在努力着、奋斗着。

随着时代的进步、社会的发展，现如今的新时代大学生们正在中国梦的感召下编织着自己的青年梦。中国梦不是遥不可及的，每个人的梦想都是中国梦的一部分，而中国梦的实现也需要每一个中国人的努力。中国梦，是广大青年们应该坚定的理想信念和价值追求。理想影响人生方向，信念决定事业成败。当前，“中国号”巨轮已驶入新的辽阔水域，广大青年应当把握机遇、锐意进取、脚踏实地，努力在实现中华民族伟大复兴中国梦的伟大实践中放飞青春梦想。“一个时代的精神是青年代表的精神，一个时代的性格是青年代表的性格。”青年兴则国家兴，青年强则国家强，青年的价值取向决定了未来整个社会的价值取向。面对纷繁多变的世情国情、多元思潮的交融激荡、泥沙俱下的社会现象，初出茅庐的青年人要学会以正确的世界观、人生观、价值观来指导自己。人的一生只有一次青春，每一代青年都有自己的际遇和机缘。但确定无疑的是，个人的理想志愿、信念追求只有与国家前途、民族命运相结合才富有意义，只有与社会需要、人民利益相一致才会有价值。广大青年应勇挑时代重担，多为人民做奉献，努力使自己成为祖国建设的有用之才、栋梁之材，从而留下最为充实、温暖、持久、无悔的青春回忆。

二

中国梦是每个中国人对美好生活的向往，是每一个青少年为之努力奋斗的目标，青少年承载着祖国未来的希望，是中国未来建设的接班人，肩负着实现祖国伟大复兴的重担。中国梦是历史的、现实的，也是未来的。中国梦凝结了无数仁人志士的不懈努力，承载着中华儿女的共同向往，昭示着国家富强、民族振兴、人民幸福的美好前景。中国梦是国家的、民族的，也是每一个中国人的。国家好、民族好，大家才会好，只有每一个中国人都为美好梦想而奋斗，才能汇集起实现中国梦的磅礴力量。习近平总书记强调，中国梦是我们的，更是青年一代的。中华民族伟大复兴终将在广大青年的接力奋斗中变为现实。青年最富有朝气、最富有梦想，青年兴则国家兴，青年强则国家强。广大青年要坚定理想信念，练就过硬本领，勇于创新创造，矢志艰苦奋斗，锤炼高尚品格，在实现中国梦的生动实践中放飞青春梦想，在为人民利益的不懈奋斗中书写人生华章。总书记指出，历史和现实都告诉我们，青年一代有理想、有担当，国家就有前途，民族就有希望，实现我们的发展目标就有源源不断的强大力量。

青年大学生正处于学习的黄金时期，应该把学习作为主要的任务，作为一种责任、一种精神追求、一种生活方式，树立梦想从学习开始、事业靠本领成就的观念。下得苦功夫，求得真学问。青年大学生要坚持面向现代化，不断提高与时代发展和事业要求相适应的素质和能力，勤学、修德、明辨、笃实，努力钻研、刻苦学习、立志成才，在改革开放和社会主义现代化建设的大熔炉中掌握真才实学，做出应有贡献。青年大学生要树立和培育社会主义核心价值观，加强道德修养，注重道德实践。青年大学生要善于明辨是非，善于决断选择，努力学好专业文化知识，关心国家、关心人民、关注世界，学会担当。青年大学生要始终保持不怕苦、不怕累的精神，把艰苦环境作为磨炼自己的机遇，从小事做起，从自身做起，一步一个脚印往前走。青年大学生要有敢为人先的锐气，有超越前人的雄心壮志，有逢山开路、遇河架桥的意志，勇于解放思想、与时俱进，敢于上下求索、开拓进取，在立足本职的创新创造中不断积累经验、取得成果。总之，我们要牢记空谈误国，实干兴邦，只有立足本职，埋头苦干，不怕困难，才能成为可堪大用、能担重任的栋梁之材。

三

“一带一路”是一种合作发展的理念和倡议，它是充分依靠中国与有关国家既有的双多边机制，借助既有的、行之有效的区域合作平台，旨在借用古代“丝绸之路”的历史符号，高举和平发展的旗帜，积极主动地发展与沿线国家的经济合作伙伴关系，共同打造政治互信、经济融合、文化包容的利益共同体、命运共同体和责任共同体。因此，“一带一路”倡议构想高瞻远瞩、审时度势，对密切我国同中亚、南亚周边国家及欧亚国家之间的经济贸易关系，深化区域交流合作，统筹国内国际发展，维护周边环境，拓展西部大开发和对外开放的空间，都有着重大的意义。“一带一路”打开了筑梦空间。就中国来说，“一带一路”是引领未来中国西部大开发、实施向西开放战略的升级版。西部地区拥有中国72%的国土面积、27%的人口，与13个国家接壤，陆路边境线长达1.85万公里，但利用外资和对外投资所占的比重偏低。因此，需借助“一带一路”，通过扩大向西开放，使中国西部地区与中亚、南亚、西亚的贸易往来和经济合作得以加强，形成全方位对外开放格局，实现东西部均衡协调发展，从而成功推动经济转型升级，全面深化改革。“一带一路”不是中国的独奏，而是沿线各国的协奏，将会使有关国家获得更大的发展空间。通过加强政策沟通、道路联通、贸易畅通、货币流通、民心相通，找到各个国家之间的利益契合点，能够最大限度实现经济发展战略的有效对接，促进区域内经济要素有序自由流动和优化配置，逐步形成区域大合作的新格局。“一带一路”有利于将政治互信、地缘毗邻、经济互补等优势转化为务实合作、持续增长优势。通过“一带一路”建设，无论是“东出海”还是“西挺进”，都将使中国与周边国家形成“五通”，合作共赢，共同发展。“一带一路”合作中，经贸合作是基石。遵循和平合作、开放包容、互学互鉴、互利共赢的丝路精神，中国与沿线各国在交通基础设施、贸易与投资、能源合作、区域一体化、人民币国际化等领域，将迎来共创共享的新时代。“一带一路”在平等的文化认同框架下谈合作，是国家的战略性决策，体现的是和平、交流、理解、包容、合作、共赢的精神。“一带一路”是开放包容的经济合作倡议，不限国别范围，不是一个实体，不搞封闭机制，有意愿的国家和经济体均可参与进来，成为“一带一路”的支持者、建设者和受益者。建设“一带一路”，是以习近平同志为总书记的党中央着眼坚持和发展中国特色社会主义、实现中华民族伟大复兴中国梦而提出的重大战略构想。不失时机地推动实施这一战略构想，必将为实现中国梦开拓新局面、创造新机遇，必将给世界梦注入更多新动能、新活力。

作为西部地区高校的一名大学生，我亲身感受到了“一带一路”倡议给家乡带来的变化。2004年，中国-东盟博览会落户南宁，奏响了这个中国西南边陲相对沉寂的城市对外开放合作的恢宏篇章。从2004年到2018年，伴随着一年一度的博览会与峰会的成功举办，南宁从一个偏居一隅的南疆城市华丽转身为一座开放之城、一座礼让之城、一座洁净之城。翻开这些年来南宁参加博览会与峰会的国家名单，可以看到，南宁的“朋友圈”正在不断拓展。截至2017年，博览会已连续举办14届，共有超过60位中外领导人、2900多位部长级贵宾出席，66万多名客商参会。过往14届峰会中，举办了200多场商界经贸活动，搭建了中国-东盟政商界交流对话的良好平台。2018年第15届博览会不少论坛以“一带一路”为主要议题，从全方位、多层次、宽领域促进“一带一路”国际合作。

我是一名大三的本科在读学生，庆幸自己生活在这美好的新时代，能成为中国火热发展过程中的见证者、参与者。习近平总书记在北京大学考察时深情寄语青年人，实现中华民族伟大复兴的中国梦，广大青年生逢其时，也重任在肩。广大青年既是追梦者，也是圆梦人。我们青年大学生要努力学习，求真学问、练真本领，知行合一、做实干家，以青春之名，把鲜活、欢跃而顽强的涓涓细流，汇聚成奔腾、浩荡而宏大的奋进潮流，让青春梦与中国梦同频共振、交相辉映，在新时代的壮阔征程中大放华彩。

【评语】习近平总书记指出，“广大青年应该在奋斗中释放青春激情、追逐青春理想，以青春之我、奋斗之我，为民族复兴铺路架桥，为祖国建设添砖加瓦。”简短的讲话为广大青年人生理想、个人价值的实现指明了方向，激励着青年放飞梦想，斗志昂扬。作为大三的学生，结合家乡的变化，谈“一带一路”，谈中国梦，可以看出学生对中国梦的认识是生动的、现实的，这也成为激励学生求真学问、练真本领，立志为实现中国梦而奋斗的信心源泉。而在这个过程中，青春梦只有融入中国梦才会变得更加有价值、有力量！

（点评专家：桂林理工大学马克思主义学院　孙　巍　副教授）

通讯工程 18-1
赵舒婷

家事相连中国梦

父母常说我是一颗福星，自从我出生，我们家就从“吃了上顿没下顿”的日子慢慢过上了衣食无忧的小康生活。这么说来，出生于新世纪的我，也算是我们这个小家实现美好生活梦想的见证者、参与者了。

高考结束，去外地上学之前，为了多陪母亲，我常常在家和母亲闲聊家事，说起十八年前对她来说平凡又不普通的一天。那时，母亲与父亲结婚一年多，母亲跟随父亲在桂林打拼，那天上午母亲在医院检查后得知了我到来的消息，便立即赶去父亲工作的场所，想要将这个好消息告诉他，途中路过菜市，注意到一位年近七十的大爷在卖苹果，这是她最喜欢的水果，但在当时苹果的价格不菲，她犹豫了许久，最终还是决定买下一个，一路上很是欣喜。父亲得知母亲怀孕的消息很是激动，可当他发现母亲手里拿了一个苹果时，笑容便立马僵住了，这个苹果对于当时的他们来说如同奢侈品一般。对于肩扛家庭重担，“压力山大”的工作狂父亲来说，一个苹果无疑可以换到一家人多日的口粮，而母亲十八年来依旧记得父亲当时僵硬的脸。

母亲说，她曾有一段时间与父亲相隔千里，只能靠书信来往，每次熬夜写信，在微黄的灯光下小心翼翼地贴好那一张张承载着无限思念与牵挂的邮票，次日早晨天不亮就迫不及待地跑去镇上寄信，之后又望穿秋水般等待着父亲的回信。收到回信后，母亲用小刀一点点将信封裁开，将信反复读上好几遍，再沿着原来的折痕折好放回信封，装进专属的精致铁盒里。如今，书柜里依旧整齐地摆放着当年的信件，一字一句满满都是回忆。那样的过程是非常纯真美好的，但也是焦急漫长的。

近几年，我国的经济快速增长，科技不断创新，几乎人手一部手机，彼此联系很是方便，无论相距多远，只要手机在手，就能“见到人”。而“赶时髦”不是年轻人的特权，老年人也不甘落后，就比如我家的一对“老小孩”。奶奶自从母亲怀二胎后，就“左手一只鸡，右手一只鸭”地从老家坐了一天的火车赶过来，而爷爷因为要看管他那精心饲养的鸡鸭，无奈只能独自一人待在老家。奶奶过来没过多久，手机微信开始流行，即使相距千里，也能和家人视频聊天，在节假日彼此送上一句暖心的祝福，聊聊彼此的近况。

奶奶是一位文化程度不高，但学习能力超强的“时髦达人”，没过十分钟就能熟练地使用手机微信，还兴冲冲地建了一个家族群，迫不及待地展现自己的新本领，发语音、聊视频，抢红包甚至比大家都快。而爷爷恰恰相反，怎么学都不会，在被奶奶“嫌弃”一番后，最终依旧选择用自己原来的老人机。爷爷嘴上说不想要智能手机，可每次奶奶抢红包、发视频，他都伸长了脖子眼巴巴望着。

高铁的出现使“上午在桂林嗦着桂林米粉，下午在湖南吃着长沙臭豆腐”的愿望得以实现。由于回老家只需要几个小时，母亲也能够常回娘家看看。对于如今在外地上大学的我，也能趁着国庆小长假带上行李潇洒地来一趟说走就走的旅行。高考后的暑假是最为放松的几个月，生活中基本都是空调、Wi-Fi、西瓜、追剧、睡觉、美食，还时常约几个朋友一起去看场电影，再去桂林当时建成不久的旅游胜地“东西巷”逛上几圈，拍几张古风照片，骑着共享单车在解放桥上兜兜风，在漓江边散散步，走累了就坐在江边看看天空。桂林晴空万里之时，蓝天白云间，漓江与蓝天相互融合，堪比仙境。傍晚日落时分，拿出手机点下美团外卖，网上支付，美食马上就会送到身边，真是完美舒适的一天。母亲感叹道：“还是你们这一辈过得潇洒！”她们小时候，最害怕的就是放暑假，因为一放暑假就要帮忙干农活，早出晚归，劳累一天还不一定吃得饱，户外电影更是难得才播映一次，当天晚上大家都搬着自己的凳子聚在一块空地上，即使蚊子再多也要看。如今，国家经济日益增长，科技不断进步，下地不再需要大量人力，基本都由机器操作，出行有飞机、高铁、共享单车等等。

在母亲心里，我不仅是家里的福星，更是我们家族的骄傲，我没有辜负家人对我的期望，如愿地考上了大学，成为家中第一位大学生。母亲时刻提醒着我不忘初心，加之如今国家对教育的重视与对人才的培养，更应该好好珍惜大学生活，不断提升自己。

母亲说的话我时刻记在心里，我们有幸生活在一个和平的年代，一个安全的国家。国家正在飞速发展，作为当代大学生，应该珍惜历史机遇，胸怀实现中华民族伟大复兴的中国梦，肩负努力奋斗的光荣使命，努力在这历史机遇中建功立业。中国梦是国家的，是民族的，更是每一个中国人的。青年兴则国家兴，青年强则国家强。青年一代有理想、有本领、有担当，国家就有前途，民族就有希望。大学生是国家宝贵的人才资源，是民族的希望、祖国的未来，我们时刻肩负着人民的重托、历史的重任。

身为大学生的我们又该如何肩负起这个重任呢？我认为，我们应该完善自我，持有正确的世界观、人生观与价值观，做到有理想、有本领、有担当，夯实综合素质基础，着力提升思想道德素质和法治素养，真正做到爱国爱党爱人民，成为中国特色社会主义事业的合格建设者和可靠接班人，成为走在时代前列的奋进者、开拓者、奉献者。当代大学生担当着民族复兴的时代使命，要努力做忠诚的爱国者和走在时代前列的奋进者，用实际行动展现出中国精神的青春风采。

自习总书记上任以来，大力弘扬中国文化，让中国人更深入地了解本国文化的博大精深，为本国文化感到骄傲，以身为中国人而自豪。文化自信是一个国家、一个民族发展中更基本、更深沉、更持久的力量。高中几年我深切地感受到学校对中国文化的重视，除了定期的书法比赛、诗歌朗诵等，作为理科生的我们也常常在理综试卷上看到有关中国文化的题目。正如习总书记所言，中国传统文化博大精深，学习和掌握其中的思想精华，对树立正确的世界观、人生观、价值观很有益处。我们青年大学生要有“先天下之忧而忧，后天下之乐而乐”的政治抱负，有“位卑未敢忘忧国”“苟利国家生死以，岂因祸福避趋之”的报国情怀，有“富贵不能淫，贫贱不能移，威武不能屈”的浩然正气，有“人生自古谁无死，留取丹心照汗青”“鞠躬尽瘁，死而后已”的献身精神，把优秀传统文化和民族精神继承和发扬下去。

2017 年 7 月，中国再次申遗成功，厦门鼓浪屿成为中国第 52 个世遗项目，宣布结果那晚，每一位同学脸上的喜悦我至今难忘。要想实现中华民族伟大复兴的中国梦，必须弘扬中国精神，即弘扬以爱国主义为核心的民族精神和以改革创新为核心的时代精神。中华民族能够在 5000 多年的历史长河中生生不息，薪火相传，很重要的原因就是拥有孕育于中华民族悠久辉煌历史文化之中的伟大中国精神。习总书记强调，民族复兴不仅表现为经济的腾飞，更要有中国精神的振兴和彰显，只有物质文明建设和精神文明建设都搞好，国家物质力量和精神力量都增强，全国各族人民物质生活和精神生活都改善，中国特色社会主义事业才能顺利向前推进。而中国人民自古就明白，世界上没有坐享其成的好事，要幸福就要奋斗。如今，我们的物质力量已经飞速发展，精神力量也在不断增强中。中国人民拥有的一切，凝聚着国人的聪明才智，浸透着国人的辛勤汗水，蕴含着国人的巨大牺牲。

近代以来，实现中华民族伟大复兴成为中华民族最伟大的梦想，中国人民百折不挠、坚忍不拔，为实现这个伟大的梦想进行了 170 多年的持续奋斗。今天的中国，离梦想又更近了一步！习总书记指出：“中国要飞得高、跑得快，就要依靠 13 亿人民的力量。”没有强大的精神力量，就会重演中国近代以来四分五裂、一盘散沙的悲剧，弘扬中国精神，对于维系中华民族的生存与发展、维护国家统一和民族团结发挥着重要的凝聚作用。中国精神博大精深，内容丰富。在革命战争时期，有井冈山精神、长征精神、延安精神、抗战精神、西柏坡精神、上甘岭精神……。在和平建设时期，又产生了雷锋精神、铁人精神、焦裕禄精神、红旗渠精神、劳模精神、工匠精神、志愿精神、企业家精神、闽东精神、塞罕坝精神、右玉精神、大陈岛垦荒精神、载人航天精神、新长征精神……。习近平总书记指出，中国精神是凝心聚力的兴国之魂、强国之魂。爱国主义是始终把中华民族坚定团结在一起的精神力量，改革创新是始终鞭策我们在改革开放中与时俱进的精神力量。

新时代大学生应该把个人命运与国家和人民的命运联系在一起，立为国奉献之志，立为民服务之志，自觉把个人理想追求融入为实现中华民族伟大复兴中国梦的奋斗中来。

今天，中国人民比历史上的任何时期都更接近中国梦。只要13亿中国人始终发扬这种伟大的梦想精神，一代又一代的新生积极地加入，一定很快便能够实现中华民族伟大复兴，实现中国梦，世界梦！

【评语】学生从自己小家的故事叙述出发，娓娓道来中让人感受到了一家人生活的幸福和对国家发展的信心。的确，学生对国家的感情不是凭空产生的，没有家庭这一重要的基础性的一环，学生对中国梦的认识不会这么深刻；没有父母的谆谆教导，学生学好知识报效祖国的志气不会这么坚决。小家连大国，小我汇大我，正是有着这样千千万万可爱的家庭，正是有着这样万万千千可爱的学生，中国梦一定会梦圆！

（点评专家：广西师范大学马克思主义学院博士生导师　黄瑞雄　教授）

机械电子工程 16-1
蔡雄峰

凝聚青春力量　实现中国梦想

一

“你的梦想是什么?”相信这个问题每个人从小到大已经被问及了无数次。如果是小学，我会回答“我要当一名科学家”；如果是中学，我会回答“我希望能够富埒陶白”；如果是高中，我会回答“我希望能郄诜丹桂”；可是现在，我定会回答“我的梦就是做最好的自己”。

习近平总书记在十九大报告中指出，“青年兴则国家兴，青年强则国家强。青年一代有理想、有本领、有担当，国家就有前途，民族就有希望。”青年大学生作为实现中华民族伟大复兴中国梦的中坚力量，如果我们把梦的格局放得小，那么祖国的未来靠谁？当然，我在心里反复问过自己，但每次给出的答案却很是讽刺——自己都做不好，拿什么谈理想！

出生在农村且家境并不富裕的我，小时候和外界的接触似乎只能通过书本和电视机。那时候的我们不会去谈理想，也不会去考虑未来。若有人问起，我们的回答十之八九就是某个动画片里的英雄或印象深刻的片段。这样的我们好像离中国梦很远。出身农村的我，再加上年龄小，对理论的认识还是模糊的，但从身边的变化，我却看到了梦想的力量。一直以来，农村人对国家的惠民政策虽然不会从字面上去理解，但是却能通过自己和身边人的生活感受到国家的发展。最为明显的是，2008 年以后，村里的楼房建筑材料不再是泥土和木板，取而代之的是钢筋水泥和砖瓦，楼层也由原来的一层、两层加盖到三层、四层，另外在这些楼房间还穿插着不失档次的小别墅。老百姓切实体会到了国家的发展给生活带来的变化，原来在电视中听到的中国梦越来越清晰，和它最初承诺的一样，一切都在变得美好。

高中的时候我也“做梦”，2016 年 9 月，我终于带着喜悦迎接我的大学生活……

背井离乡的求学是非常辛苦的，但无论我怎么哭诉，现实依然置若罔闻，我还是被无情地击倒在地。大学里一切的一切，都和我憧憬的判若云泥。不只是学校，当同学描述他们的家乡，讲他们的故事的时候，我感觉广西仿佛就是中国梦这个美好蓝图里被遗忘的部分。在一次和舍友偶然的讨论中得知，他们的中学生活里，无论冬夏，洗热水澡的次数屈指可数，停水断电是家常便饭。吃的饭菜也是一成不变，从来见不到肉的影子。虽然同样出生在农村，这种情况下我竟哑然。当然，即使存在夸张，但也细思极恐。但有的同学一进入大学，好像就失去了奋斗的精气神，十分享受大学闲暇的时光，几乎都忘了我们身上肩负着的使命。这让我想起了之前看到过的一篇名叫《寒门再难出贵子》的文章，这篇文章给了我很多启发，难道我们甘愿做命运的奴隶？对于有些同学而言，即便命运总有“打盹”的时候，他们却从未想过抓住机会。

青年梦不是喊口号，如果是那样，肺活量大的一定是最后赢家。所以，不是我们不愿意做美的梦，是现实告诉我们，我们应该先做好自己。而要做最好的自己，首先就得认清自己、正视自己，在困难面前不动摇、不退缩、不迷失方向。只要有了远大的理想，即使在最苦难的时候，也会感到幸福，因为理想指引人生的方向，崇高的理想总能产生巨大的力量。而树立何种人生理想，关系到我们青春的奋斗方向，决定了我们人生的高度。

中国共产党先驱李大钊说：“黄金时代，不在我们背后，乃在我们面前；不在过去，乃在将来。”青年一代既处在人生的黄金阶段，有梦想有活力，有无限的可能性，又处在当前建设新时代中国特色社会主义的黄金时期，要以社会主义建设者和接班人的使命担当，在亿万人民为实现中国梦而进行的伟大奋斗中实现人生价值，用青春书写无愧于时代、无愧于人民、无愧于历史的华丽篇章。

二

“中国特色社会主义事业是面向未来的事业，需要一代又一代有志青年接续奋斗。广大青年要积极响应党的号召，树立正确的世界观、人生观、价值观，投身中国特色社会主义伟大事业中，让青春焕发出绚丽的光彩。”作为一名当代青年，要自觉把个人的梦想融入国家、民族和人民的共同梦想之中，为祖国的富强、民族的复兴和人民的幸福奉献自己的青春才干。

回顾历史，无论哪个时代，青年总是怀抱着各种理想和梦想。从历史的纵轴来看，中国梦就是青年渴望的强国梦。“家事国事天下事，事事关心”的理想抱负，“先天下之忧而忧，后天下之乐而乐”的爱国情操，一直是国家富强、人民富裕和民族复兴的不竭动力。从“为中华之崛起而读书”的开国元勋，到为成功研制“两弹一星”甘愿在大漠中隐姓埋名的海归青年科学家群体，每一代爱国青年都在燃烧激情岁月，助力青春中国。从改革开放的横轴来看，中国梦也是青年追求的成才梦。尽管不同时期不同个体青年的梦想千差万别，但立志成才却是大家共唱的“同一首歌”。从独领风骚的 IT 精英占领财富榜，到载人航天的一线科研人员，再到普通修脚女工成为全国人大代表，没有 40 年改革开放和社会创新的“变革之梦”，就不会有今日青年百舸争流的成才环境。中国梦对青年而言已经成为一种休戚相关的发展红利。

三

当今各国都有梦想追求，美国梦、法国梦、俄罗斯梦，等等。十八大以来，中国梦概念在国际社会广为传播。习近平总书记在坦桑尼亚演讲时提出，中非人民都在致力实现中国梦和非洲梦，还要同国际社会一道，推动实现持久和平、共同繁荣的世界梦，引起国际社会强烈共鸣。在全球乱象纷呈、经济复苏乏力、安全形势错综复杂、国际秩序调整加速的今天，世界的确需要梦想撑起希望的风帆。中国梦之所以能引发巨大震动，正是因为它呼应了世界的期盼、顺应了历史的潮流。

2013 年 9 月和 10 月习近平总书记分别提出建设“丝绸之路经济带”和“21 世纪海上丝绸之路”的合作倡议。自此，“一带一路”横贯欧亚，在国际上产生了深远的影响。2016 年俄罗斯《导报》曾刊文指出，“一带一路”构想展现了中国对全球治理新理念的思考。对中国来说，“一带一路”是“路”，也体现了中国的哲学智慧——道。什么是“一带一路”之道呢？基辛格在《世界秩序》中写过：“评判每一代人时，要看他们是否正视了人类社会最宏大和最重要的问题。”这样看来，评判“一带一路”之道，就要看它是否为解决人类社会最宏大和最重要的问题提供了智慧。“一带一路”之道就是去探寻中国梦与世界各国梦的融通，为世界和平与发展贡献力量。

中国梦与世界梦是共通的，中国梦的所有外延性特点，都依存于世界可持续发展的客观需要。中国梦的实现以追求和平发展、合作和谐为先决条件，在全球化的大背景下，中国梦也属于世界，在与世界各国的密切合作中，中国梦必将与世界梦共同成长。2018 年 1 月，世界经济论坛 2018 年年会在瑞士小镇达沃斯落下帷幕。一年前，国家主席习近平来到这里并访问联合国日内瓦总部，提出构建人类命运共同体的时代强音，为漂泊的全球化航船冲破迷雾校准航向，产生强大感召力和影响力。一个是在和平发展道路上实现中华民族伟大复兴的中国梦，一个是和世界各国人民共商共建人类命运共同体的世界梦，这两个梦想的共通特点，就是求和平、谋发展，就是求合作、谋共赢，绝不走对外扩张称霸的道路。

时序更替，追梦而行。今天的中国已经站在新的历史起点上，朝着实现中华民族伟大复兴的中国梦阔步前行。“在新的起点上，我们将坚定不移全面深化改革，开拓更好发展前景；坚定不移实施创新驱动发展战略，释放更强增长动力；坚定不移推动绿色发展，谋求更佳质量效益；坚定不移推进公平共享，增进更多民众福祉；坚定不移扩大对外开放，实现更广互利共赢。”习近平总书记向世界传递出“中国的发展前景一定会越来越好，对世界的贡献一定会越来越大”的坚定信心，既回应了一些国家对中国发展的疑虑和猜忌，也为我们矢志不渝实现中华民族伟大复兴注入了新的强大动力。

“中国的发展得益于国际社会，也愿为国际社会提供更多公共产品。”中国梦将给世界带来什么？习近平总书记曾多次宣示：中国梦是和平、发展、合作、共赢的梦，与世界各国人民的美好梦想息息相通，中国人民愿意同各国人民在实现各自梦想的过程中相互支持、相互帮助。“中国倡导的新机制新倡议，不是为了另起炉灶，更不是为了针对谁，而是对现有国际机制的有益补充和完善，目标是实现合作共赢、共同发展。”“我们的目标是让增长和发展惠及所有国家和人民，让各国人民特别是发展中国家人民的日子都一天天好起来。”“同为地球村居民，我们要树立人类命运共同体意识。”……习总书记的系列重要论述，向世界充分表明中国愿与各国携手共进、互利共赢，赢得了国际社会的信任和赞誉。事实证明，中国越发展，对世界和平与发展就越有利；中国梦不仅造福中国人民，而且造福各国人民。

风云际会的世界、无比厚重的时代，“道阻且长，行则将至”。未来将会表明，行动将会证明，中国有能力与世界各国风雨同舟，戮力同心，共同巩固多边主义大厦，链接孤立主义荒岛，在推动构建人类命运共同体的伟大征程中，实现中华民族伟大复兴，让中国梦与世界梦交相辉映！

【评语】学生谈青春梦，指出任何梦想都不会自动变为现实，青年人只有让奋斗成为青春的底色，实干苦干，努力学习，才能奋力走好新时代民族复兴的伟大征程；学生谈中国梦，指出只有一代代人、一群群人为了民族复兴而奋斗，将中国梦作为责任和追求，青春梦才不会“缺钙”；学生谈世界梦，指出中国梦与世界梦相通，求合作，谋共赢，中国梦与世界梦才会交相辉映。青春梦、中国梦、世界梦，梦想相连，只要为之奋斗，定会梦想成真！

（点评专家：桂林理工大学南宁分校党委书记　白永生　副教授）

数字媒体艺术设计 17-2
彭　怡

勇担时代重任　实现伟大梦想

一

青年兴则国家兴，青年强则国家强。“坚定实施科教兴国战略、人才强国战略，培养造就一大批具有国际水平的战略科技人才、科技领军人才、青年科技人才和高水平创新团队。”在十九大报告中，习近平总书记再次重申了青年人才的重要性。正如总书记所说，人才是第一资源，也是创新活动中最为活跃、最为积极的因素。国家对人才满是期望，青年更是建设祖国的生力军，青年一代有理想、有本领、有担当，国家就有前途，民族就有希望。中国梦是历史的、现实的，也是未来的；是我们这一代的，更是青年一代的。青年应该把个人梦想融入中国梦，到祖国最需要的地方去建功立业，中华民族伟大复兴的中国梦终将在一代代青年的接力奋斗中变为现实。

融入爱国情怀，奉献青春年华。若论中华民族根植最深、影响最久的精神品质，必定是爱国情怀。远有司马迁“常思奋不顾身，而殉国家之急”的担当，近有陈毅“祖国如有难，汝应作前锋”的气概。而今，面对实现中华民族伟大复兴的时代重任，习近平总书记对青年发出了明确的指示与号召：“我们的责任，就是要团结带领全党全国各族人民，接过历史的接力棒，继续为实现中华民族伟大复兴而努力奋斗，使中华民族更加坚强有力地自立于世界民族之林，为人类作出新的更大的贡献。”经过了一代又一代人的不懈努力，中国特色社会主义进入了一个崭新的时代，时代在号召广大的青年人才投入到建设祖国中去。要想更好地为国家发展助力，当代青年一定要把爱国热情转化成具体行动，逐步养成一种习惯和自觉。

高度的政治自信。以习近平同志为核心的党中央坚持以人民为中心的发展思想，以“人民对美好生活的向往”为奋斗目标，中国特色社会主义建设取得了历史性成就，极大地彰显了社会主义制度的优越性，推动了人民的全面发展、社会的全面进步。中国对现代化建设道路独立自主的成功探索，给世界上那些既希望加快发展又希望保持自身独立性的国家和民族提供了全新选择，带来了希望曙光，贡献了中国方案。中国之“治”引起了全球广泛关注、世界高度赞誉。2017 年 12 月，中国共产党与世界政党高层对话会在北京召开，120 多个国家近 300 个政党和政治组织的领导人来北京探求“中国奇迹”的密码、寻找“中国道路”的答案。“我们所做的一切都是为人民谋幸福，为民族谋复兴，为世界谋大同。”习近平总书记会见联合国秘书长古特雷斯时的讲话，阐述了中国共产党在新时代的历史使命，扎根于中国沃土的中国新兴政党制度是对人类政治文明的重大贡献。

坚定的政治信仰。习近平总书记指出，“革命理想高于天，实现共产主义是我们共产党人的最高理想，而这个最高理想是需要一代又一代人接力奋斗的。”马克思主义的信仰，共产主义远大理想和中国特色社会主义共同理想，对党和人民的忠诚，是新时代青年马克思主义者的政治灵魂和精神支柱。不可否认，随着中国经济高歌猛进，现实社会中，物质主义、拜金主义有所抬头，功利主义、实用主义鼓噪而进，一些传统道德受到挑战，一些价值底线遭遇弃守。纵观世界，意识形态领域“软交锋”尖锐复杂、日益激烈，新自由主义、民粹主义沉渣泛起，“共产主义失败论”“共产主义过时论”甚嚣尘上，青年人正处在人生的十字路口，各方面有待成熟，思想尚未定型，极易受到外部环境的影响和刺激，在各种西方思潮的影响下，极易出现政治信仰迷茫、理想信念丧失、价值观扭曲等问题。能否有坚定的信仰、崇高的理想、执着的信念，事关党和国家事业是否后继有人、青年能否健康成长成才。抓好信仰信念教育对青年大有裨益、影响深远。新时代青年马克思主义者必须坚定理想信念，补足精神之“钙”。理想信念不是无源之水、无根之木，新时代青年马克思主义者必须牢固树立“四个意识”，着力增强维护习近平总书记核心地位和党中央权威的行动自觉和政治自觉。

清醒的理论自觉。习近平新时代中国特色社会主义思想是当代中国的马克思主义、21 世纪的马克思主义，开辟了马克思主义中国化的新境界。新时代青年马克思主义者必须具有武装新思想的理论自觉。一是听原文鼓舞奋斗精神。信息化快速发展的今天，微信、App 客户端、微博为我们提供了学习习近平总书记讲话的新方式，使我们能在听原声讲话中加深记忆，在看《人民领袖》《为了共产党人的使命》《奋斗者的答卷》等微视频中深刻感悟。二是读原著坚定理想信念。马克思、恩格斯、列宁等马克思主义经典作家的著作是经岁月蹉跎后沉淀下来的经典，是学习马克思主义基本原理的第一手材料。三是学原文品出原汁原味。研读原文是新媒体、融媒体产品无法替代的，在这一过程中会让人静下心来仔细思考。四是悟原理弄通逻辑脉络。习近平新时代中国特色社会主义思想是与马克思主义一脉相承又与时俱进的理论创新成果，只有领悟贯穿其中的马克思主义立场、观点、方法，才能防止一知半解、不求甚解、浅尝辄止，真正做到融会贯通，实现“学懂、弄通、做实”。

强烈的使命担当。中华民族伟大复兴的中国梦终将在一代代青年的接力奋斗中变为现实。在党的坚强领导下，中国青年始终坚持与民族同呼吸、与国家共命运。在革命战争岁月，广大青年坚定不移跟共产党走，义无反顾投入火热的革命熔炉。在社会主义建设年代，广大青年积极响应党中央的号召，不怕困难、不畏艰险，“把青春献给国家工业化”。在改革开放历史新时期，广大青年发出“团结起来，振兴中华”的时代强音，见证了国家“富起来”的伟大历程。党的十八大以来，历史性成就和历史性变革使得国家的面貌和中华民族的面貌焕然一新，国家发展进入“强起来”

的新时代。十九大擘画了两个“奋斗十五年”的宏伟蓝图，到2035年基本实现社会主义现代化，身处伟大梦想从理想变为现实的历史进程中，当代青年已成为相应行业的骨干力量；到21世纪中叶，社会主义现代化强国建成之际，当代青年尚不到60岁。如此则不难理解，为什么当代青年被称赞为“强国一代”。因为，当代青年将成为实现“两个一百年”奋斗目标、建设社会主义现代化国家、实现中华民族伟大复兴中国梦的历史进程全程参与者、荣光分享者和伟业见证者。

过硬的专业能力。2017年“五四”青年节前夕，《人民日报》的微视频《青年榜样习近平》刷爆朋友圈，令人印象深刻的是，七年知青岁月，青年习近平在陕北农村插队，每当下雨刮风，他便在窑洞里铡草，晚上看牲口。他什么活都干，但不管多忙多苦，始终没有放弃读书和思考，既读了《共产党宣言》《国家与革命》等马克思主义经典著作，也读了《三国志》《罗斯福见闻秘录》《李白诗选》《战争与和平》等中外历史著作、文学作品。正是因为年轻时的深厚积淀，习近平总书记的讲话才能经常给人以思想启迪、精神激荡。大国领袖尚且如此，何况普通人呢？为学之要贵在勤奋、贵在钻研、贵在有恒，若没有刻苦钻研、没有优游涵泳、没有沉潜蓄力，又哪来超越之说？又如何能完善知识结构、夯实理论功底、增强专业素养？十九大报告中，习近平总书记提出了“既要政治过硬，也要本领高强”的要求。加强读书学习是增强本领的必然选择和有效途径。作为担当民族复兴大任的时代新人，新时代青年马克思主义者需要力戒浮躁、涵养身心，爱读书、多读书、善读书、读好书，自觉养成持续充电、不断读书的作风和习惯，将读书逐步变成一种生活方式，通过学习专业知识，提高分析、解决实际问题的能力，通过学习中华优秀传统文化，提升思想境界、人文素养。

二

中国梦，是中国共产党第十八次全国代表大会召开以来，习近平总书记所提出的重要指导思想和重要执政理念，正式提出于2012年11月29日。习总书记把“中国梦”定义为“实现中华民族伟大复兴，就是中华民族近代以来最伟大的梦想”，并且表示这个梦“一定能实现”。“中国梦”的核心目标也可以概括为“两个一百年”的目标，也就是到2021年中国共产党成立100周年和2049年中华人民共和国成立100周年时，逐步并最终顺利实现中华民族的伟大复兴，具体表现是国家富强、民族振兴、人民幸福，实现途径是走中国特色社会主义道路、坚持中国特色社会主义理论体系、弘扬民族精神、凝聚中国力量，实施手段是政治、经济、文化、社会、生态文明五位一体建设。

2017年10月18日，习近平同志在十九大报告中指出，实现中华民族伟大复兴是近代以来中华民族最伟大的梦想。中国共产党一经成立，就把实现共产主义作为党的最高理想和最终目标，义无反顾肩负起实现中华民族伟大复兴的历史使命，团结带领人民进行了艰苦卓绝的斗争，谱写了气吞山河的壮丽史诗。习近平指出，实现伟大梦想，必须进行伟大斗争，必须建设伟大工程，必须推进伟大事业。蔓蔓日茂，芝成灵华。青年人正处于学习进步的黄金时期，要忠于祖国、忠于人民，立鸿鹄志、做奋斗者，求真学问、练真本领，知行合一、做实干家。要敢于到条件艰苦的基层、国家建设的一线、项目攻关的前沿经受锻炼，以辛勤的汗水、默默的耕耘成就非凡业绩、创造美好生活。要善于创新创造，保持敢闯敢拼的劲头，在孕育无限生机的新时代，主动掌握新知识、熟悉新领域、开拓新视野，不断开辟事业发展新天地。

“海阔凭鱼跃，天高任鸟飞”。让我们以青春之名，把鲜活、欢跃而顽强的涓涓细流，汇聚成奔腾、浩荡而宏大的奋进潮流，让青春梦与中国梦同频共振、交相辉映，在新时代的壮阔征程中大放华彩。习近平总书记在十九大报告中指出：实施乡村振兴战略，是党的十九大作出的重大决策部署，是决胜全面建成小康社会、全面建设社会主义现代化国家的重大历史任务，是新时代做好“三农”工作的总抓手。党的十九大报告也提出：要推动乡村文化振兴，加强农村思想道德建设和公共文化建设，以社会主义核心价值观为引领，深入挖掘优秀传统农耕文化蕴含的思想观念、人文精神、道德规范，培育挖掘乡土文化人才，弘扬主旋律和社会正气，培育文明乡风、良好家风、淳朴民风，改善农民精神风貌，提高乡村社会文明程度，焕发乡村文明新气象。作为新时代的青年，应顺势而为，充分利用自己的知识和专业，加入到美丽乡村文化建设中，在投身于乡村振兴战略的过程中，实现个人的理想和抱负。我所学的专业是数字媒体艺术设计，是一个多学科交叉专业，既要求掌握互联网技术，也要求掌握数字媒体技术，还要具有较好的美术鉴赏能力和美术设计能力，我致力将所学运用到乡村文化振兴中去，积极参与美丽乡村文化建设、大学生“三下乡”社会实践活动、大学生创新创业大赛，为祖国发展贡献自己的力量。

2018 年 8 月 30 日，习近平总书记给中央美术学院八位老教授回信，向他们致以诚挚的问候，并就做好美育工作，弘扬中华美育精神提出殷切期望。信中提到美术教育是美育的重要组成部分，对塑造美好心灵具有重要作用；提出加强美育工作，很有必要；做好美育工作，要坚持立德树人，扎根时代生活，遵循美育特点，弘扬中华美育精神，让祖国青年一代身心都健康成长。我们要谨记总书记的讲话，锤炼思想品质，好好学习专业，努力成为担当大任的时代新人。

三

习近平总书记在十九大报告中提出了八个“明确”，即明确坚持和发展中国特色社会主义、明确当前我国社会主要矛盾、明确中国特色社会主义事业的总布局和战略布局、明确全面深化改革的总目标、明确全面推进依法治国的总目标、明确新时代的强军目标、明确推动构建人类命运共同体的中国特色外交，以及明确中国共产党的领导是中国特色社会主义最本质的特征。其中“推动构建人类命运共同体”既是中国特色大国外交要推动构建新型国际关系的方向，也是习近平新时代中国特色社会主义思想的重要内容。

习近平总书记在十九大报告中强调，要“坚持和平发展道路，推动构建人类命运共同体”。这是我们党根据国际环境的变化和中国特色社会主义进入新时代逐步形成和确立的中国特色大国外交的总体思路，也是和平发展的中国走向世界舞台时对当今世界性质和发展趋势的总体判断。构建人类命运共同体的理念表明了人类与自然的真实关系。自然灾害不会区别对待不同国别、不同肤色、不同文明的人，任何一个国家都不能单独对抗自然的力量。人类命运共同体理念所倡导的“绿色、低碳、循环、可持续的生产生活方式，平衡推进2030年可持续发展议程，不断开拓生产发展、生活富裕、生态良好的文明发展道路”，契合了世界人民的共同需求。构建人类命运共同体的理念包含了民主、平等价值的真正实现。人类命运共同体理念倡导共商、共建、共享，每一个国家和民族都可以在其中看到未来的希望。正如费孝通先生所说的：“各美其美，美人之美，美美与共，天下大同。”世界好，中国才能好；中国好，世界才更好！世界怎样才能好？不是“谁优先谁落后”，而是秉持人类命运共同体理念，携手合作，共同前进，这是当今时代发展的大势。

新时代青年马克思主义者是强国一代，更是黄金一代。党的嘱托、人民的期望、传统的赓续，为实现中国梦而奋斗的时代重任，都需要新时代青年认清个人的际遇和机缘，坚持仰望星空与脚踏实地相统一，将使命担当转变为个人远大抱负，将个人青春梦想融入国家梦、民族梦之中，以坚定者、奋进者、搏击者的姿态拥抱新时代。

【评语】从学生的心得体会中，可以看出学生对理论学习的重视和自觉，能将习近平总书记的重要讲话结合自己的认识体会进行深刻的分析，在文中对重要讲话做了较为清晰的梳理和运用，展现了学生的理论素养。青年人应该将自己的青春梦想与中国梦紧密相连，刻苦学习，努力成长，在追逐梦想的过程中为中国梦的实现贡献力量，用青春谱写一曲壮丽的梦想之歌。

（点评专家：桂林理工大学马克思主义学院　邱　杰　教授）

市场营销 16-1
吴玉易

实现中国梦　青年正当时

一

蔚蓝的天空是那么美好，那么平静，但正是有了阴天、雨天，才有了那么多猝不及防的美景，才有了雨过天晴的彩虹。遥远的梦想是那么虚幻，那么迷茫，但正是有了坚持、执着的追梦人，才让我们感觉到梦想的真实，才让我们感受到梦想的光芒。

习近平总书记指出，每个人都有理想和追求，都有自己的梦想。现在，大家都在讨论中国梦。实现中华民族伟大复兴，就是中华民族近代以来最伟大的梦想。这个梦想，凝聚了几代中国人的夙愿，体现了中华民族和中国人民的整体利益，是每一个中华儿女的共同期盼。历史告诉我们，每个人的前途命运都与国家和民族的前途命运紧密相连。国家好，民族好，大家才会好。实现中华民族伟大复兴是一项光荣而艰巨的事业，需要一代又一代中国人共同为之努力。空谈误国，实干兴邦。共产党人一定要承前启后、继往开来，把我们党建设好，团结全体中华儿女把我们国家建设好，把我们民族发展好，继续朝着中华民族伟大复兴的目标奋勇前进。

作为一名学生，我们要对自己负责，认真地走好每一步，脚踏实地地去追求梦想；作为一名中国人，我们肩上更多了一份责任，那就是对祖国的热爱。是的，我们正值青春年华，离开了父母的庇护，我们已经蜕变成勇敢的鹰，有了搏击长空的志向，但请不要忘记对家庭的责任和对祖国未来的担当。习近平总书记要求广大青年“勇做走在时代前面的奋进者、开拓者、奉献者”。没有梦想，青年将不能称之为青年；没有拼搏，再美好的梦想也只能是南柯一梦。在国家走向繁荣富强的伟大征程中，我们青年一代应怀揣奉献社会、造福人民的崇高理想，勇敢地去面对机遇与考验，不断通过学习与实践发展自我，练就过硬本领，把实现自我价值与满足国家和社会的需要无缝对接，以主人翁的姿态投入到社会主义现代化事业中。

二

不管是国家层面还是学校层面，都在设法促进大学生理论与实践的结合，都在为提高大学生综合素质做出改革和探索。大学生除了学习书本知识，还需要多参加社会实践，从而提升自身整体素质。无论是与本专业相关的知识，还是其他领域的知识，都需要不断地学习与钻研，以不断完善自己的知识体系和能力体系。

“两耳不闻窗外事，一心只读圣贤书”已经不是现代社会所需要的人才。大学生要在社会实践中培养独立思考、独立工作和独立解决问题的能力，参加一些实践性活动巩固所学的理论知识，增长一些书本上学不到的知识和技能。要想把知识转化成真正的能力，就要依靠实践。面对日益严峻的就业形势和日新月异的社会需求，大学生应该转变观念，不要只是简单地把暑期打工作为挣钱的手段，更重要的是要借机培养自己的创业和社会实践能力。

现在的招聘单位越来越看重大学生的实践和动手能力，以及与他人的交际和沟通能力。作为一名大学生，只要自己力所能及，就应该把握机会，充分发挥自己所长，掌握真本领，以便进入社会后可以尽早适应，服务社会，成就自我。在假期，我参加了华硕电脑暑期活动，主要是针对购机客户的一个优惠活动。虽然实践的时间很短，但还是有一定的收获。实践的主要内容是针对在活动期间购买华硕电脑的客户进行抽奖送礼的活动。这个活动意在与客户进行交流，从而了解华硕品牌的一些相关情况。我之前也有过实践经历，虽然不同工作或多或少都有相似的部分，但每份工作又都不一样，想要做得好就要不断地去学习和提高。尤其是在实践过程中，虽然我们掌握了一定的理论知识，但还是要虚心地向有经验的同事请教，从他们身上会学到许多在书本上学习不到的知识，如为人处事、待人接物、工作技巧等等。

大学是一个教育我们、培养我们、磨炼我们的圣地，我们应当为能在这里成长而倍感荣幸。实践是学生接触社会、了解社会、服务社会，运用所学知识实现自我的最好途径。亲身实践，才能实现从理论到实践再到理论的飞跃，增强认识问题、分析问题、解决问题的能力。

时代在进步，社会在发展，随之而来的竞争也非常严峻地摆在了我们面前，现代社会所需要的已经不再是单纯的知识型人才。时代赋予人才新的定义：不仅能够驾驭新科技，具有创新意识，更要有将科技应用于实践的能力。现今，去人才招聘会面试的大学生很多，而在用人单位的招聘条件中，几乎都要求有工作经验或者实践经历。所以，大学生不仅要有扎实的理论知识，工作经验的积累和社会实践的经历也同样重要。就业环境不容乐观，竞争形势日趋激烈，面对忧虑和压力，大学生暑期实践应运而生。暑期虽然时间不长，但是在这段时间里，我们可以体会工作的辛苦，锻炼意志品质，同时积累一些社会和工作经验。这些经验是大学生拥有的“无形资产”，到了关键时刻，它们的作用就会显现出来。

在这次假期的实践中，我认识到实践其实就是把在学校所学的理论知识运用到工作实际中去，使所学的理论知识有用武之地。只学不实践，那么所学的就等于零。理论应该与实践相结合。同时，实践可为以后找工作打好基础。通过这段时间的实践，我学到了一些在学校里学不到的东西。因为环境不同，接触的人与事不同，从中所学的东西自然就不一样。这对我今后的生活和学习都有很大的启发。常言道：“经历得多了，阅历也就有了，经验也随之积累了，你也就会越发成熟了。”假期实践让我认识了许多不一样的人，经历了许多不一样的事，积累了不少经验，下次再经历类似事时就不会再手忙脚乱。同时，通过与社会或者生产一线的对接，我们可以不断发现自己身上的不足，从而不断地完善自己。种种事实证明：我们唯有真正面对社会，真正了解国情、民情，才能心平气和地做出正确的选择，才能确立自己学习和生活的目标，在实践中学习，在学习中实践。我们不只要学好学校里所能学到的知识，还要不断从生活中、实践中学习其他知识，从各方面武装自己，这样才能在竞争中表现自己、提高自己。

三

习近平总书记在十九大报告中说，从2020年到2035年，在全面建成小康社会的基础上，再奋斗15年，基本实现社会主义现代化。到那时，我国经济实力、科技实力将大幅跃升，跻身创新型国家前列。

建设创新型国家，核心就是把增强自主创新能力作为发展科学技术的战略基点，走出中国特色自主创新道路，推动科学技术的跨越式发展；就是把增强自主创新能力作为调整产业结构、转变增长方式的中心环节，建设资源节约型、环境友好型社会，推动国民经济又快又好地发展；就是把增强自主创新能力作为国家战略，贯穿到现代化建设各个方面，激发全民族创新精神，培养高水平创新人才，形成有利于自主创新的体制机制，大力推进理论创新、制度创新、科技创新，不断巩固和发展中国特色社会主义伟大事业。

目前，国家大力提倡大众创业、万众创新，每年都有不同类别和级别的创新创业大赛在各地开展。上学期我参加了学校的“互联网+”创新创业大赛。仍记得当初结伴组队时的茫然和懵懂，一起听动员讲座时的兴奋和激动，选择项目时的商议和分歧，一次次团队讨论时大家的思考和完善，走过的每一步都那么难忘，那么清晰地留在脑海中。当初并没有太高的期待，也许是源于兴趣，也许是出于对创业的好奇，才与班上的好友一起报名参加。没有任何经验，没有过来人的指导，老师和同学都面对着陌生的一切，只能靠自己一步步探索，一步步总结。一旦萌生一个小小的想法，就及时去互联网上查阅相关资料，再从资料中获取新的想法，了解其中未知的信息，就是靠着这样的坚持和不懈努力，成就了我们团队最后的项目计划。总结参加创新创业大赛的整个过程，我们认识到还有很多需要学习提高的地方，如项目的创新性与实用性、团队的合作效率及后期的保障条件等。

“当代青年要树立与这个时代主题同心同向的理想信念，勇于担当这个时代赋予的历史责任。”习近平总书记这样对青年人说。新时代的青年是站在中国腾飞巨浪浪尖的弄潮儿，要有远大的理想与抱负，更要勇于走在时代的前列，为中华民族的伟大复兴做出自己应有的贡献。新时代的大学生更应该胸怀担当，在时代创造的大舞台上，展现出自己的青春与激情，为国家发展壮大努力奋进，为中国梦的实现做出贡献。新时代的大学生要勤于学习，只有不断学习新的知识才能适应不断变化的大环境，走在时代的前列，将来进入职场，才能发光发热，展现多元思维、发挥想象力、凸显创造力、散发工作激情及蓬勃朝气，用青年人特有的力量为中国梦的实现做出贡献。

【评语】作为中国梦“接力赛”的“关键一棒”，当代青年生逢其时、责任重大。学生在文中结合自己的创新实践活动，谈心得，谈认识，可以看出学生的务实态度和进取精神。中国梦的提出为青年大学生提供了精神指导和奋斗方向，同时也提供了广阔的时代舞台，青年大学生应该抓住历史机遇，志存高远，努力奋斗，在人生的广阔舞台上充分发挥聪明才智、尽情展现人生价值，让青春在为党和人民建功立业中焕发出绚丽光彩！

（点评专家：桂林理工大学马克思主义学院 耿俊茂 教授）

市场营销 17-1
黄兰兰

同心筑梦新时代　共画最大“同心圆”

一

随着国家的不断发展与进步，人民的生活水平进一步提高，中国梦不断地深入人心。在全球化不断发展的今天，中国梦不仅仅是中华民族的梦想，同时也是世界梦的组成部分。各国人民的梦想有共通之处，那便是繁荣发展，国富民强。因而爱好和平的、发展中的中国实现中国梦必将进一步拓展世界人民通往理想彼岸的道路。

中国梦，是中国共产党第十八次全国人民代表大会以来，习近平总书记所提出的重要指导思想和重要执政理念。他把中国梦定义为“实现中华民族伟大复兴，就是中华民族近代以来最伟大的梦想”。习近平总书记说：“中国梦是人民的梦，必须同中国人民对美好生活的向往结合起来才能取得成功。”中国梦归根到底是人民的梦，推动中国梦的实现有助于国家富强，人民幸福。

一百多年以来，中华民族一直孜孜不倦地追逐着中国梦，为了实现中华民族伟大复兴，一代又一代人付出了辛勤的汗水。中国梦已经深深根植于我们的精神与血脉之中，代代相传，生生不息。不同时期，中国梦有着不同的内涵。1840 年鸦片战争以后，帝国主义国家入侵，清王朝腐朽落后，中国沦为半殖民地半封建社会，在内忧外患的局面之下，中国梦是赶走帝国主义侵略者，推翻清王朝的统治，结束长期的封建帝制，取得国家民主、独立与自由。1949 年 10 月 1 日，毛主席在天安门城楼上向全世界庄严宣告：中国人民站起来了！随着毛主席的那一声宣告，一个全新的、独立自主的新中国从此诞生。新中国成立后，国家各方面都是百废待兴，那时的中国梦是使农民拥有自己的土地，提高工业化程度，努力建设社会主义社会。1978 年年底，中国共产党召开十一届三中全会。这次全会果断决定把全党的工作重点由阶级斗争转到经济建设上来，为实现社会主义现代化而奋斗。那时的中国梦是进行改革开放，实现“四个现代化”，进一步推动社会主义现代化建设。从那时起，中国人民便踏上了改革开放的伟大征程，逐渐富了起来。随着电话、互联网、大数据等网络媒体的发展，随着飞机、高铁、轮船等交通方式的发展，随着全球化的飞速发展，地球逐渐变成一个“村落”，国与国之间的经济、文化、政治等联系日益密切。这时的中国梦是让中国人民强起来，构建“人类命运共同体”，与世界各国一同和平发展。一个半世纪以来，中国人的理想和追求，就是实现中华民族伟大复兴。不论任何时期，中国梦始终紧紧围绕这一主旨展开。经过一代又一代人的不懈努力，今天的中国已经成功地走上了一条争取和平的国际环境来发展自己，又以自身的发展来维护世界和平的发展道路。

看昨天，“雄关漫道真如铁”；看今天，“人间正道是沧桑”；看未来，“长风破浪会有时”。习近平总书记说：“今天，我们比历史上任何时期都更接近、更有信心和能力实现中华民族伟大复兴的目标。”中国梦是国家的梦，中国梦是人民的梦；中国梦的实现不仅需要党和国家的努力，更需要人民的共同努力。只有我们全体人民万众一心，艰苦奋斗，才能够推动中国梦的实现。

二

习近平总书记指出，实现伟大梦想，必须建设伟大工程。这个伟大工程就是我们党正在深入推进的党的建设新的伟大工程。全党要更加自觉地坚定党性原则，勇于直面问题，敢于刮骨疗毒，消除一切损害党的先进性和纯洁性的因素，清除一切侵蚀党的健康肌体的病毒，不断增强党的政治领导力、思想引领力、群众组织力、社会号召力，确保我们党永葆旺盛生命力和强大战斗力。“天下将兴，其积必有源。”党的十八大以来，以习近平同志为核心的党中央坚定不移地推进全面从严治党，形成了反腐败斗争压倒性态势，全面从严治党取得显著成效。概括地说，这些成就和变革主要包括以下几个方面：一是全面加强党的领导和党的建设，坚决改变管党治党宽松软状况。坚定不移推进党风廉政建设和反腐败斗争，坚决“打老虎”“拍苍蝇”，查盲区、堵漏洞。二是全面从严治党取得重要进展。党中央坚持问题导向，从抓思想从严、抓管党从严、抓执纪从严、抓治吏从严、抓作风从严、抓反腐从严六个方面，推进全面从严治党，使党焕发出新的生机与活力。三是思想建党和制度治党紧密结合，同步推进。把党的政治建设摆在首要位置，推动全党增强政治意识、大局意识、核心意识、看齐意识，全党的思想理念更加坚定、党性更加坚强。积极完善党内法规制定体制机制，注重党内法规同国家法律的衔接和协调，构建以党章为根本，若干配套党内法规为支撑的党内法规制度体系，提高党内法规执行力。四是反腐败斗争压倒性态势已经形成并巩固发展。以习近平同志为核心的党中央，以“得罪千百人，不负十三亿”的责任担当，坚定有腐必反、有贪必肃的鲜明立场，坚持反腐败无禁区、全覆盖、零容忍，坚定不移“打虎”“拍蝇”“猎狐”，深入推进反腐败斗争。

新时代党的建设面临新形势和新任务，党的十九大报告指出：中国特色社会主义进入新时期，我们党一定要有新气象新作为。要完成新时代中国共产党的历史使命，要决胜全面建成小康社会的艰巨任务、实现中华民族伟大复兴的中国梦，对党的建设提出了前所未有的新挑战、新要求。党的十九大报告从新时代党和国家事业发展全局出发，对党的建设新的伟大工程作出全面规划和战略部署，首次提出新时代党的建设要求。从坚持和加强党的领导，发展为坚持和加强党的全面领导。党的建设总要求内涵更加丰富深刻，也更为科学。报告指出，坚定理想信念是青年党员思想建设的首要任务。共产主义远大理想和中国特色社会主义共同理想，是中国共产党人的精神支柱和政治灵魂。青年是祖国的未来，民族的希望，青年一代有理想、有本领、有担当，国家就有前途，民族就有希望。新时代大学生尤其是青年党员要自觉做共产主义远大理想和中国特色社会主义共同理想的坚定信仰者和忠实实践者。

历史从不眷顾因循守旧、满足现状者，机遇属于勇于创新、永不自满者。一切伟大的成就都是接连奋斗、不断努力的结果，一切伟大的事业都需要在继往开来中推进。每一次的改革都紧扣时代发展的潮流与方向，都时刻关注最广大人民的根本利益，都紧紧围绕实现中华民族伟大复兴这个中国梦。要实现中华民族伟大复兴的中国梦，需要中国共产党、其他民主党派、各人民团体以及社会各阶层等全体中华儿女形成统一战线，在中国共产党的核心领导下，凝心聚力，共同朝着一个方向努力前进。

三

“亚马孙雨林里一只蝴蝶偶尔扇动翅膀，可能就会引起美国德克萨斯州的一场龙卷风。”这个比喻说明，在全球化的大背景之下，国家与国家之间联系密切，一个国家发生的某些事情，可能会影响到周边国家，甚至影响到全球。推动实现中华民族伟大复兴的中国梦，不仅仅是我们自己的事，更应该把中国梦放到新时代的大环境之中，与各国谋求合作，共同发展。无论是中国梦、非洲梦，还是美国梦、欧洲梦，各个国家各个地区的梦想总是有相通之处的，那就是谋发展、求和平。中国始终坚持和平发展道路，在努力推动中国梦实现的同时，积极与其他国家或地区合作，共同为实现世界梦而努力。

2013 年 9 月，习近平主席提出“一带一路”倡议，一带一路指的是“丝绸之路经济带”和“21 世纪海上丝绸之路”。“一带一路”是一个合作发展的理念，是指充分依靠中国与有关国家既有的双多边机制，借助既有的、行之有效的区域合作平台，高举和平发展的旗帜，积极主动地发展与沿线国家的经济合作伙伴关系，共同打造政治互信、经济融合、文化包容的利益共同体、命运共同体和责任共同体。“一带一路”倡议的提出，顺应了世界多极化、经济全球化、文化多样化、社会信息化的潮流，致力于维护全球自由贸易体系和开放型世界经济。

“一带一路”倡议包含了许多大项目、大工程。在基础设施类项目中，既有中欧班列、印尼雅万高铁和俄罗斯莫斯科—喀山高铁等项目，又有中泰铁路、中老铁路、马来西亚南部铁路和尼日利亚阿卡铁路等合作项目。除铁路之外，港口建设、桥梁和公共安全设施建设也是重要项目。工业类项目主要包括汽油管道、核电、输电线路和石化项目等，如中缅油气管道项目、埃及输电线路项目等；工业园区建设中有中国-白俄罗斯工业园、马来西亚马中关丹产业园和柬埔寨西哈努克港经济特区等；人文类项目中有丝路书香工程和丝绸之路生态文化万里行等；国际边境合作类项目中有霍尔果斯国际边境合作中心等。这些项目的建设，加强了中国与相关国家的友好合作，同时也促进了相关国家的发展。

我国提倡共建“一带一路”，致力于亚欧大陆和非洲大陆及附近沿海的互联互通，建立和加强沿线各国的伙伴关系，构建全方位、多层次、复合型的互联互通网络，实现沿线各国多元、自主、平衡、可持续的发展。“一带一路”是一个多赢的渠道，沿线各国都能从中受益。“一带一路”项目的建设与发展将推动沿线各国贸易和人员的往来，发掘区域内市场，促进投资和消费，创造需求和就业，推动基础设施建设，同时也能够增进沿线各国人民的人文交流与文明互鉴，让各国人民相逢相知、互信互敬，共享和谐、安宁和富裕的生活。

中国梦与世界梦是共通的，中国梦的实现以追求和平发展、合作共赢、和谐相处为先决条件，在全球化大背景之下，中国梦也属于世界。中国梦与世界梦的实现，需要一个和平稳定的世界环境，所以需要世界各国通力合作，共创和平，共谋发展。“中国将始终不渝走和平发展道路，坚定奉行独立自主的和平外交政策”，向世界传递了和平复兴的中国理念。中国致力于和平发展的承诺，始终贯穿在中国梦的实现过程中。与世界同分享，是中国梦独具特色的重要内涵。从“入世惠及中国，也惠及世界”到“同一个世界，同一个梦想”，日益融入世界经济的中国，在与各国的交流合作中，始终追求良性互动、互利共赢。所以，我们倡导“一带一路”、筹建亚洲基础设施投资银行、进行南南合作。中国致力于“推动实现持久和平、共同繁荣”，所以我们积极参与国际事务，在力所能及的范围内承担更多的国际责任和义务。无论是提倡“一带一路”、进行南南合作、寻求多边合作，还是积极参与全球经济治理，共同抵御亚洲金融风暴和国际金融危机，我们都着眼于取长补短、合作共赢，把世界的机遇转变为中国的机遇，把中国的机遇转变为世界的机遇。倡导不同文明之间开展友好对话，彼此互兼互容、兼收并蓄，推动不同的社会制度和发展模式相互借鉴、共同发展，未来的道路上，中国梦必将进一步焕发出中华文明的独特魅力。

中国正在凝聚中华民族的力量来实现中国梦这一伟大理想，向着中华民族伟大复兴的目标齐力迈进；正在以一个崭新的形象向世界展示中华文明历久弥新的智慧和力量，中国智慧、中国信念、中国道路、中国精神和中国力量，止在以一种全新的、不可思议的方式走向世界的舞台，中华优秀文化正在以其独特的价值进入世界人民的视野，给世界的发展以崭新的启迪和前所未有的影响。

【评语】“大鹏之动，非一羽之轻也；骐骥之速，非一足之力也。”实现中国梦需要各方各界的力量，需要一代又一代人的持续奋斗。正如习近平总书记所讲的，中华民族伟大复兴，绝不是轻轻松松、敲锣打鼓就能实现的，必须准备付出更为艰巨、更为艰苦的努力。因此实现中国梦的征程

中考验着我们党的执政智慧，考验着青年人的理想追求。学生从国内、国外两个维度出发，论述了实现中国梦不是中国的“独奏”，而是一曲“合奏”，展示了新时代大学生的宽广视野和世界眼光。只要我们戮力同心，攻坚克难，梦想就会渐行渐近，如期实现。

（点评专家：桂林理工大学马克思主义学院党委书记　王青山　教授）

机械电子工程 16-1
秦文军

青春力量　中国梦想

习近平总书记在谈论中国梦时曾讲道："中国梦是我们的，更是你们青年一代的。中华民族伟大复兴终将在广大青年的接力奋斗中变为现实。"青春有梦，中国有梦。青年兴则国家兴，青年强则国家强，青年一代有理想、有本领、有担当，国家就有前途，民族就有希望。作为青年大学生，我们是祖国的未来，民族的希望，是这个时代最富有活力、最具创造力和魅力的一代，是我们国家、我们民族在前进道路上最重要的后备力量，我们更应该深刻领会习总书记的殷殷嘱托，更应该为了实现中国梦做充分的准备和无限的努力。

习近平总书记关于"梦"有许多重要的论述，如青年的梦、全面小康的梦、强军的梦、生态文明的梦等等，这些梦都是中国梦的重要组成部分。习总书记不仅提出了各种各样的梦想，同时也在不同的场合、不同的地点、不同的时间讲解了我们国家我们党对于这些梦想的理解。通过这些解读，我们可以感受到每一位国人要想实现不同的梦想，都需要依托于我们这个强大的国家。同时，中国梦要想得以实现，也需要我们每一位新时代国人不断努力，不断奋斗，不断将我们的梦想化为现实而凝聚。这二者是缺一不可的。

中国梦是有希望、有目标、有未来、有力量的梦，不是敲锣打鼓就能实现的，需要我们一步一个脚印地付出和努力才有机会实现。对于每一位国人来说，梦想是一定要有的，但我们的梦想有没有力量呢？力量何在呢?

对于梦想有没有力量这个话题，我想起身边的一个故事。我有一个朋友叫小飞，在一次聊天中得知他的梦想就是要成为马云一样的风云人物。他认为自己已经是一名大学生了，离自己的梦想越来越近。他想象着大学毕业之后，凭自己的能力去从商，做贸易，做电商，然后赚大钱。这样的梦想，大吗?其实，梦想大不大不重要，重要的是梦想到底有没有力量。大学期间，小飞总是和身边的朋友、同学侃侃而谈。对于他来说，梦想是有的，而且常常挂在嘴边。但他常常把实现梦想的动力转移到手机和电脑游戏上。上课玩手机看小说，下课玩电脑打游戏。当同学们在讨论学习的时候，他总有一句口头禅:“这个简单，说实话，跟高中没什么区别。”当同学们认真学英语备考四级时，他总会说英语很简单，就是背背单词、看看语法。除此之外，在很多方面他都不以为然。实际上，进入大学以后，他的成绩并不理想，很多科目都是挂科的，英语成绩根本没及格过。因此，就算有再大的梦想，如果不去为实现梦想而付出努力，那么它终将会成为永远的梦。

虽然我的梦想没有小飞的那么“远大”，但我的每一天都过得非常充实。我的梦想就是好好学习，好好努力，大学毕业之后找一份好的工作，能够自食其力，让父母过上安定、幸福、快乐的生活，然后有能力组建属于自己的家庭，开创属于自己的事业，这就是我的美好生活向往。为了实现梦想，一进大学我就以我的优秀学长，也是我的班助为榜样，不断地努力学习。只要有空余时间我就去图书馆或者自修室学习，攻克专业难题。但作为一个农村来的孩子，我深深地体会到自己与他人在能力上存在的差距。为了克服心理落差，我鼓起勇气，做了充分准备后参加了学校校级团体组织的面试。幸运的是，在一次次的充分准备与努力下，我顺利通过各种面试，最终成为校级团体组织的一名委员，有了服务同学、锻炼自我的机会和平台。除此之外，我知道自己的家庭并不富裕，来到大学，就应该学会独立，学会为父母着想。因此，我加入了学校勤工俭学的队伍。虽然在做勤工俭学工作时，听到了一些不和谐的声音，但是每每想到自己的梦想，想到实现梦想后的幸福与喜悦，我就有了更大的动力，更加自觉地去努力去奋斗。渐渐地，通过自己不断地付出，不断地努力，我发现自己变得越来越成熟，个人能力方面得到了很大的提升。这些锻炼和经历就是我追逐梦想的过程。在这个过程中，我感受到了梦想的力量，它激励我不畏艰难，勇于向前。虽然这种力量看不见摸不着，但我的内心可以感受到它让我变得更加自信，更加成熟。立身以立学为先，梦想从学习开始。青年时期是学习知识的黄金时期，作为青年人，还是应该把学习作为首要的任务，作为一种责任、一种使命、一种习惯。青年智则国智，青年强则国强，面对日趋激烈的国家实力的较量，青年人的素质和本领直接影响着自身将来在职场上的生存，也直接影响着中国未来发展的主导权，影响着中国梦的进程。因此，作为新时代大学生，不能夸夸其谈，要有只争朝夕的紧迫感，学习知识、提高本领，为实现自己的梦想充实自己，为实现中国梦积聚力量。

通过观察身边一些同学的言谈举止，我认为生活中怕的是不仅自己不努力，而且否认梦想需要奋斗这个硬道理，那样即使你有梦想，有再大的梦想，有再好的梦想，也仅仅只是梦。这样的梦想是毫无力量、毫无营养、毫无味道的。作为新时代的青年人，我深深地感受到，追逐梦想的道路并不是一路坦途，会面临很多诱惑和挑战，如手机、电脑、网络虽然可以让我们更加便捷地联络，更加快速地获取更多信息资源，但也考验着我们在追逐梦想的道路上有没有决心、有没有毅力去克服手机瘾、电脑游戏瘾。人类的美好理想，都不可能唾手可得，都离不开筚路蓝缕、手胼足胝的艰苦奋斗。我们的国家，我们的民族，从积贫积弱一步一步走到今天的发展繁荣，靠的就是一代又一代人的顽强拼搏，靠的就是中华民族自强不息的奋斗精神。当前，我们既面临着重要的发展机遇，也面临着前所未有的困难和挑战。梦在前方，路在脚下。自胜者强，自强者胜。实现发展目标，需要广大青年锲而不舍、驰而不息地奋斗。广大青年要牢记“空谈误国、实干兴邦”，立足本职、埋头苦干，从自身做起，从点滴做起，用勤劳的双手、一流的业绩成就属于自己的人生精彩。

梦想与现实是紧密相连的。作为新时代的新青年，梦想不能只是想想而已，我们更应该主动地向梦想发起挑战，用信心、用决心、用毅力向梦想拉开战斗的帷幕，吹响战斗的号角。我们每个人的心目中都有属于自己的梦想和信仰，但都不应该止步于自己小小的梦想，我们需要努力去追求更大的梦想，将个人青春梦融入中国梦。每一个人也都应该认识到，如果我们的小梦想都完不成，那么大梦想又如何实现呢？青年大学生是这个时代初升的太阳，我们身上背负着更加重大的责任与期盼。假如把国家比作一棵大树，那么每一位国人都是大树的枝叶。只有国家这棵大树的根扎得深，枝叶才能长得茂盛。每一个人只有把自己的命运与国家的命运紧密地连接起来，才能有光明的未来和远大的前途。祖国的富强寄托在每一个青年人的身上，每一个新时代的青年都是祖国的未来和民族的希望，所以我们绝不能辜负了这个时代的重托！

当下我们的国家正处于风云变幻的国际环境之中，面临着各种各样的严峻形势，作为新时代的青年大学生，我们更应该认清自己的社会责任，志存高远，居安思危，奋发图强，把困难当作磨炼自己的机遇，把小事当作大事干，一步一个脚印往前走。滴水可以穿石，只要坚韧不拔、百折不挠，成功就一定在前方等你，梦想就一定能实现。

【评语】学生通过身边的例子阐释了只有努力奋斗才会梦想成真，夸夸其谈、不务实学，终将一事无成。勤学，需下得苦功夫，求得真学问。大学阶段，“恰同学少年，风华正茂”，正是读书学习的黄金阶段，也是立大志、做大事积蓄能量的时期，学生能认识到从点滴事情做起，从自我做起，从现在做起，就是在为小梦想和大梦想的实现而努力。中国梦，因为青春更有力量；青春，因为中国梦更有价值！

（点评专家：北京社会科学院传媒研究所所长　郭万超　研究员）

日语 16-1
唐明霞

我的梦与中国梦

为了自己心中的目标，一步步地学习，一步步地努力，目标终会实现。正如习总书记所说：“世界上没有坐享其成的好事，要幸福就要奋斗。”因此，作为新时代大学生，为了自己的梦想，无论前面有多少艰难困苦，都应该坚持努力，奋发图强。

一

作为日语专业的学生，尽管书本上的内容丰富，网络上的解答详细，但都会想要去到日本这个国家实地去了解他们的文化，验证自己在学校所学知识的实际应用情况。学校组织的“百名学子看世界”活动，其中有一站就是日本名古屋。因为台风的原因，我们晚到了一天。令人惊讶的是，日本人对于时间的重视超出了我的预想，原以为我们错过的那天行程肯定取消了，没想到的是，一下飞机，日方接待人员就告诉我们会紧凑行程，还是按照原来商定的行程，让我们在日本多走走、多看看。

日本社会人口老龄化已经很严重了。最近日本媒体报道称，为应对日益严峻的人口老龄化问题，日本政府计划大力挖掘高龄人口的“工作潜能”，考虑将义务雇用员工的年龄上限从目前的 65 岁进一步提高到 70 岁，并对雇用 65 岁以上老年人的企业进行补贴。在日本期间，我们看到已经年近 80 岁的老人还依旧坚守在岗位上，一些老年人还自己开车出行。日本是长寿之国，但物价和生活成本太高，因而很多人退休后都会选择继续工作。中国现行的退休年龄是男性60周岁，女性55周岁。2012年7月，人力资源和社会保障部社会保障研究所所长何平就提出，我国也应当逐步延龄退休，建议到2045年不论男女，退休年龄均为65岁。人们对这样的延龄退休持不同意见：支持方认为自己还不算老，往后的时间还长，多干几年不会太闲着，生活经济方面也会比较宽裕；反对方认为早点退休拿着退休金享受晚年时光，是一种惬意。我认为，这些都可以根据自身的情况进行调整，不管是怎样的政策，总是以社会发展大局为重，而我们能做的就是调整自己，无论是工作还是生活，都要快快乐乐，幸福享受每一天。

说到老龄化，日本有一个现象跟中国不太一样——在公交车、电车上，年轻人不给老人让座。在日本访学期间，我们在公交车或者电车上，看到一些后来上车的老人后，也是竭力忍住不让座。因为专业是日语，所以在去日本之前我们了解过这个问题的缘由。其实原因很简单，日本的老年人不服老，认为对方让座就是看不起自己，而且日本人不愿意麻烦别人，即使是让座这样的小事，他们也觉得这是给对方添麻烦了。近几年在中国的许多城市，时常曝出关于在公交车上让不让座的事件，很多老年人因为年轻人不让座而对其大骂甚至出手殴打。冷静思考一下，我们国家是以“给老弱病残让座是一种美德”为理念，提倡尊老爱幼，给老人让座的确是一种正能量的行为。但这并不是一种强制性行为，社会发展节奏太快，很多年轻人生活压力很大，每天早出晚归，劳动一天好不容易有个座位休息，中途遇到老人上车，内心难免会纠结到底让不让座，这时就容易受到一些人的道德绑架。其实每个人都应该多一些理解，多一些换位思考。在生活中，你给我让座，我对你表达谢意，这才是社会的美好现象。

二

在日本期间，我们只乘坐了一次公交，其余都是乘坐电车出行。电车是日本人的主要出行方式。每天上下班期间，电车站都是人山人海，但一进入电车，仿佛就到了另一个世界，特别的安静。在这样一个公共场所，并且是人挤人的车厢里，除了广播声，大家都保持着一种莫名的安静，只是偶尔会有一些小小的嘀咕声。没有人大声说话，没有很吵的手机铃声，没有人外放音乐或者视频。这也和日本人的性格特点有关，他们很怕自己的一些行为会给他人带来麻烦。至于这样的现象是从何时开始的，他们自己也回答不上来，好像一直以来就是这样，一种习惯而已。

每次坐完车回住处的时候，我们都会去超市买便当，期间会过马路。在日本，不管马路有多狭窄，每个路口都有斑马线。一次买完便当，在路边等红灯，同伴问道："为什么这些车都不走呢？现在对我们来说是红灯，那车子怎么不走啊？"后来才明白，司机虽然可以行驶，但想让我们先行。在日本，一般车子到路口时都会放慢速度，看到有人需要过马路时，就会停下车子，礼让行人。前几年，我们中国在外国人眼里有一个"标签"——中国式过马路，甚至被用到作文里当各种案例。但是近几年来，这个"标签"已经逐渐被摘掉了，走在国内的马路上时，大家基本都会看红绿灯指示再通行，而且机动车礼让行人也逐渐成为一种习惯。

在日本，我们每天都面临的一个困扰就是垃圾怎么丢。众所周知，日本的垃圾分类很严格，具体可以分为八大类。印象最深刻的就是一个塑料瓶要分为三种垃圾：瓶身、瓶盖和瓶子外的包装纸。有一次吃完便当和布丁，旅店老板说要洗干净才能丢。厨余垃圾也要分类，为了防止出错，我们每次都把食物吃得很干净，连挑食的毛病都改了。在我们的欢迎晚会和欢送晚会上，未吃完的东西老师与同学都会拿包装盒装好带回去，一点也不会浪费。

我之前有想过，中国是不是也能实行这样的垃圾分类制度呢？答案是肯定的，虽然短期内实行起来比较困难，但从资源回收及环境保护的长远角度看，还是很有必要的。习近平总书记说过："绿水青山就是金山银山。"虽然起步较晚，但我国现在正在大力提倡环保，各大城市都在建设文明城市，街道也很干净。我们回国后，日本的学生也到我们的学校参观学习，他们觉得中国的街道、校园特别干净。不同国家之间存在着文化差异，赞扬别国的优点的同时，也得肯定自己的优点，这就要坚持“四个自信”，即中国特色社会主义道路自信、理论自信、制度自信、文化自信，有了这些自信，我们才会自立自强，才会被别人尊重。

三

作为日语专业的学生，到了日本，才知道一个全日语的学习环境有多么重要。在学校时，尽管每天都在进行专业学习，但是一下课，大家还是会说着熟悉的母语，快毕业才发现，自己的口语还是很差。在日本时，不管到哪里，所有的人、环境都是陌生的，为了更好地适应，就算再不情愿，也要去弄懂每个词、每句话的意思。

我们在日本有一个课程就是关于日语的学习，老师很温柔，到哪儿都背着一个大包，永远都带着笑脸。正是因为这位老师，我才明白日语的发音特色，真正理解学习一门语言不仅仅是学习单词和语法。老师说，日语是一门温柔的语言，带着微笑说日语才是最好的。我试了一下，发现还真是。我们上课的地方也是午休的地方，我发现，日本的学生只要一进入那个区域，就不再说日语，而是改为说英语。刚开始很奇怪，为什么他们说的英语我听不明白，后来才知道是因为他们的发音并不是很标准，语速也很慢。既然说得不好，为什么还要说呢？原来那里是他们的英语角，里面的书架上放的都是英语书籍和影碟，还有一台电视机在播放一些欧美国家的新闻。我认为这样的学习环境很好，对于学外语有很大的帮助。我们国家以前一直有一个说法叫“哑巴英语”，就是听读写的能力还行，但口语很差。在进入大学之前，我们为了应试，很少开口练习口语，到了大学才开始有各种各样的机会练习口语。

我们学校也是有英语角的，大概一周一次，还有老师在场，但老师少学生多。就像我曾经参加的日语角，一个外教，十个学生，口语好的一直与老师相谈甚欢，口语不好还内向的人连插嘴的机会都没有。也许有人会说：“机会已经给你了啊，是你自己不好好把握，主动权在你自己手上。”这个说法我不敢苟同，毕竟老师不可能比学生多，每个人都对老师说着本来就不怎么标准的外语，还是有一些困难的。我认为我们也可以创造一个学习外语的环境，不要死板地参加口语活动，自己主动开口，口语好的同学主动与同学们互动交流，时不时请老师点评，长此以往，口语水平就会不断提高。

参加“百名学子看世界”项目为我的人生增添了一笔浓厚的色彩，我正朝着自己的梦想前进。我的所有经历都是实现梦想的重要过程，一点一滴的进步都是一种收获，正如实现中国梦需要凝聚每一个人的力量和每一份梦想。中国梦最终是实现中华民族的伟大复兴，让国家富强、民族振兴、人民幸福。国家富强才能保证人民幸福，人民幸福才更能体现国家的富强。因此，我们青年大学生只有把人生理想融入国家和民族的事业中，才能成就一番事业，勇做走在时代前面的奋进者、开拓者、奉献者，努力使自己成为祖国建设的有用之才、栋梁之材，为实现中国梦奉献智慧和力量。

【评语】学生在国外的所见、所感、所想，真实反映了一位有追求、有梦想的青年大学生的精神风貌。学生没有一味崇洋媚外，也没有一味妄自尊大，而是通过一件件小事情映衬着两国的文化差异、社会交往和生活场景等，同时还能切合实际地提出自己的设想、建议和期望。的确，实现中国梦的过程是每个中国人圆梦的过程，个人的梦只有融入中国梦才会变得更有意义。同时，在实现中国梦的过程中，没有人是旁观者，尤其是新时代的大学生，更应该有担当、有责任地挑起属于自己的时代重任。

（点评专家：桂林理工大学马克思主义学院　张　雷　教授）

环境科学与工程14-1
吕肖君

我的中国梦世界梦

为了深化学生对世界和中国发展大势的认识，深化学生的历史使命和责任担当，激发学生的爱国之情、报国之志，学校组织了“百名学子看世界”活动，与国外高水平大学合作，每年选派一批品学兼优的大学生赴国外知名大学进行短期或长期的专业文化和能力培养体验式课程学习。我很荣幸能够参与到这个项目中，体验不同国家的风土人情，亲身了解、对比国内外的格局与形势，同时了解我所学的专业在国外的研究状况。

7月底，环境科学与工程专业的10名学子在2位老师的带领下，从广州出发，在北京登机，乘上了飞往加拿大的航班。我对于即将在加拿大温哥华度过10天左右的游学时光而感到些许兴奋。

在这10天里，我们需要寄宿在当地的home stay（寄宿家庭）中。我寄宿的家庭男主人是加拿大本地人，女主人是欧洲人。见面的第一天，我们就送上了代表着中国文化的中国结、印有古诗的叶脉书签、剪纸及熊猫钥匙扣，并且向他们介绍了中国文化中的“年年有余”、蜡梅、荷花的美好寓意。我认为，向外界传播源远流长的中国文化也是实现中华民族伟大复兴的重要一步，遥想“郑和下西洋”播散和平的种子，“丝绸之路”发展互利互惠的贸易，与世界共享，是中国梦的重要内涵。

我们的课程学习在昆特伦理工大学（Kwantlen Polytechnic University，简称KPU），位于加拿大不列颠哥伦比亚省（BC）大温哥华地区（Metro Vancouver district），是一所综合性本科教育大学。Kwantlen一词来自加拿大原住民语言，意为“永不疲倦的跑者”。KPU 一共有 4 个校区，分别位于列治文（Richmond）、素里（Surrey 本校区）、克洛弗代尔（Cloverdale）、兰里市（Langley），4 个校区我们都有参观，日常的英语课程学习主要在列治文校区，专业课程学习在兰里校区。

英语课程由 Bianca 老师带领，全程英语教学，通过听说读写及积极热烈的讨论，全方位提高我们的英语水平与口语能力，并且能就加拿大与中国的环境现状进行对比，引出问题，让我们发现并了解加拿大对于保护环境的举措。Bianca 老师还要求我们分组设计环保城市，并向其他同学展示这个城市的能源来源、垃圾处理方式及环保理念。

专业课程类似于中国的教学方式，由教授讲授一个小时，有不懂的地方可以随时提问，我们称之为 lecture。专业课上，教授向我们讲述了水在自然界中的循环，包括水的渗入在循环中起到的作用，进而讨论根据土壤的渗水效率来计算与设计暴雨重现期。此外，还讲述了污染物在不同的地形下随着风产生的不同扩散效果，当时加拿大的空气遭受了至少 30 年未有过的落基山脉山火产生的山灰的污染，教授根据加拿大的地形地貌讲述了加拿大灰霾的形成原因。

作为一名环境工程专业的学生，据我观察，在加拿大，当地人的环保意识很强，街上、校内的垃圾桶都是分类的，而且分得很详细，按有机物、纸张、塑料、果蔬及厨余垃圾等 5 至 6 类进行划分。在我的寄宿家庭中，每当有喝完的饮料纸盒，女主人都会要求我们收集起来，归到一类；而饭后盘中留下的菜叶饭粒，女主人也会要求我们丢到厨房里专门收集厨余垃圾的小桶中。在加拿大，各家各户及公共场所使用的都是直饮水，即使是厕所用水，因此对于水质的监管也就异常严格。

不得不说，环保对于生态建设起到非常大的作用。中国特色社会主义建设总体布局从经济建设、政治建设、文化建设三位一体发展为四位一体，又发展为经济、政治、文化、社会、生态文明建设五位一体。由此可见，生态发展的地位越来越重要，它关乎着小康社会，关乎着中国梦。在中国梦的引领下，中国特色社会主义道路越走越宽广。

此次游学之旅是具有深远教育意义的文化探索和发现之旅，既能培养学生的文明素养和文化宽容精神，增进对不同文化的认识和尊重，又能使学生更好地认识和传承本民族的文化与历史传统。

海外游学生活创造了一个真实的语言学习环境：居住在普通的外国家庭，和外国人生活在一起，同吃同住，提升了英文表达能力。另外，居住在普通人的家庭中，和他们共同生活，真正体会了当地文化的内质所在。文化是一个抽象的概念，它出现在书本上，表现为不同的文化形态；文化又是具体的、形象的、直观的，它表现在普通人的生活中。游学的过程就是把抽象文化转化为具体文化的过程。

探访不同文明的历史，有利于更好地认识人类的现在和未来；体验不同的文化，有利于更深切地认知自己的民族和国家。游学世界的经历，有利于开阔我们的视野，通过丰富多彩的游学活动，引导我们积极参与社会实践，了解国情民生，感知时代脉搏，培育动手能力和创新能力，陶冶情操，修养品格，达到“读万卷书，行万里路”的境界。

少年强则国强。朝气蓬勃的我们是实现中华民族伟大复兴中国梦的希望，是实现第二个“百年目标”的主要力量。要实现中国梦，就要全面提高我们这一代青年的素质与能力。随着中国经济和综合国力的增长，新时代需要的不仅仅是有创新精神、有全球视野、有国际竞争力的领军型人才，更需要具有历史使命感和时代责任感的合格建设者和可靠接班人。作为新时代大学生的我们，要坚定道路自信、理论自信、制度自信和文化自信，为实现中华民族伟大复兴的中国梦汇聚起磅礴的青春力量。

【评语】参加主题实践的学生，亲身到国外感受了外面世界的五彩斑斓。一方面，学生从文化交流和专业学习的角度，认为各个国家和人民之间应该彼此尊重，加强交流，各个国家人民的梦想并不是对立和对抗的，完全可以在文化交流中得到共荣共生。另一方面，学生通过游学主题实践，更加明确了自身专业学习的责任，从实践角度加深了对“四个正确认识”的理解，有助于学生更好地理解中国梦的时代内涵和中国梦与世界梦的关系。

（点评专家：桂林理工大学团委书记　周国桥）

测绘类 17-2
余杭洺

青年梦与世界梦

一

习总书记把中国梦定义为“实现中华民族伟大复兴，就是中华民族近代以来最伟大的梦想”，并且表示这个梦“一定能实现”。中国梦的最大特点就是把国家、民族和个人作为一个命运共同体，中国梦的目的就是把每个人的利益与国家、民族利益紧紧地联系在一起，凝聚起亿万中国人民的力量，由伟大、光荣、正确的党领导人民朝着民族复兴的目标努力奋斗。坚持走中国特色社会主义道路，就是复兴之路、追梦之旅。作为当代大学生，我理解的中国梦就是实现中华民族的伟大复兴。青年大学生是祖国的未来，民族的希望，是实现中国梦的重要后备力量。“使举国之少年而果为少年也，则吾中国为未来之国，其进步未可量也”。在实现中国梦的伟大征程中，青年至关重要。青年者，人生之王，人生之春，人生之华。五四的先驱们用行动向我们阐述了青年的梦。困难和磨砺是照进梦想的明灯，挫折和考验是指引梦想的灯塔。青年有梦，则国有梦。只有青年的梦成真了，中国梦才能实现。我们党从成立之日起，就始终关心、关注广大青年。作为青年大学生要主动将自己的成长成才与实现中国梦结合起来，将小我融入国家发展大势中，奋力实现中国梦。中国当代青年大学生不是以个体存在的，而是共同生活在中国这个大家庭中，国家的荣辱兴衰与我们息息相关。只有更多地关心国家大事，了解当今世界发展的趋势，坚持德智体美劳全面发展，才能肩负起振兴中华的重任，更好地实现优秀青年人的人生价值和追求。

中国梦，是一种理想上的追求，是一种精神上的支撑。它团结凝聚起亿万中国人朝着中华民族伟大复兴的梦想携手奋进。中国梦是一个伟大的梦，同时也是一个长远的梦。作为当代大学生，只有把自己的热情、激情、活力投入中国特色社会主义伟大事业之中，才能让青春焕发出绚丽的光彩。国家的需要就是青年人的需要，满足国家需要的青年人才是大有作为的青年。进入21世纪以来，中国的青年大学生面临的选择很多、机遇很多、挑战也很多，竞争更为激烈。但是，广大青年只有为祖国前途、民族命运努力奋斗，才能大有作为，才会在中华民族伟大复兴的历史进程中获得更为广阔的舞台，实现人生的真正价值。

二

2018年暑假，我很荣幸地参加了学校组织的“百名学子看世界”海外学习活动，成为赴马来西亚学习团队中的一员。7月，团队前往马来西亚拉曼大学进行“一带一路”主题交流学习。

犹记得2018年5月的一个夜晚，忙完一天的学业后，我躺在床上打开手机，在桂林理工大学学生会公众号上看到了有关“百名学子看世界”海外学习项目的推送。仔细阅读后，我觉得这是一个开阔眼界的好机会，随即打电话给爸爸征求意见。他听了以后表示支持。于是，我带着期待填写了“看世界”学习项目的报名表。

经过学院和学校的层层选拔，我有幸成为赴马来西亚拉曼大学团队的一员。我一边努力学习功课，一边在互联网上对马来西亚和拉曼大学进行了解。与此同时，学校也为我们准备了行前培训和团队建设，足以看出学校对这次海外学习项目的重视。作为学员的我们丝毫不敢懈怠，认真听取了学校请来的专家对我们的行前培训，细致整理了证明材料并办理了护照签证，并再三核对。所有这些，都是为了“看世界”学习项目能够顺利进行。

2018 年 7 月 16 日早上，我们在学校门口整装待发，3000 公里的距离，4 个小时的飞行，3 个小时的车程，32 位满怀期待的学子，迎着盛夏耀眼的骄阳与和煦的风踏上了马来西亚的土地。马来西亚地处热带，四季如夏，是一个多民族、多元文化的国家。马来西亚文化是一种融合马来族、华族、印度族和其他原住民族文化特色的“多元种族文化”，由于马来族占比最大，所以马来族文化是马来西亚文化的主干。马来西亚文化也融合了一些波斯、阿拉伯和欧洲的文化色彩。在这个多民族、多宗教国家，清真寺以及佛教、印度教的寺庙随处可见，基督教的教堂也不少。拉曼大学成立于 2002 年，是由马来西亚教育基金会创办的一所非营利性高等教育学府。拉曼大学现有 4 个校区，占地约 2000 英亩，分别是巴生谷地区的八打灵再也（Petaling Jaya）、吉隆坡文良港（Setapak）和双溪龙镇（Bandar Sungai Long）校区，以及霹雳金宝（Kampar）的主校区，学生依其选读科系分发，在校生 26000 多人，教职工 2000 多人，是一所大规模的教学科研型高校。

三

在马来西亚学习交流的时间里，我看到了许许多多和国内不一样的地方，了解了许多当地的特色风土人情。

高速公路：出机场后，我们搭上了拉曼大学派来的大巴。一路上，我观察到马来西亚的高速公路和国内的有所不同。就基础建设来讲，马来西亚的高速公路相比于国内的较差一些，如从隔离带上的绿化和在高速路上的乘车体验看，国内高速公路的隔离带能有效隔离对向车道，这样夜间行车就不会受对向来车的灯光影响。而马来西亚高速公路上的隔离带仅有为数不多的盆栽作为绿化设施；并且从吉隆坡前往金宝校区的路上，明显感受到颠簸。除此之外，在马来西亚摩托车也可在高速公路上行驶。

移动网络：出发前，我购买了马来西亚临时电话卡，套餐里有 5GB 的 4G 流量和无限的 2G 流量。但马来西亚的 4G 网络明显没有国内的信号强且速度明显慢了不少。马来西亚 4G 网络的速度相当于国内的 3G 网络，除了 4G 网络外就只有 H 网络制式。

公共交通设施：（1）马来西亚许多地方仍然沿用 20 世纪的火车站设施。可能是客流量较少的原因，我们看到的怡保火车站不仅规模小而且不需要安检，售票厅与候车室融合在一起。马来西亚的铁道交通设施只有普快火车，相比之下，国内的动车、高铁就显得尤为便捷。（2）马来西亚的地铁轻轨发展得较早，但是面对现在日益增长的交通需求，显得“供不应求”，一趟轻轨只有一节车厢且只能载不到 100 人。

支付方式：在国内已经习惯扫码支付的我们，在马来西亚陷入了“有钱没处花”的境况。在马来西亚的大多数地区，网上支付还未普及，大多数人仍在使用现金。在金宝校区的第一天就四处寻找提款机取现，这让我们再一次体会到国内互联网支付的优越性。

食物：在马来西亚学习的两周中，我们尝到了许多在国内尝不到的美食。三种不同流派的食物交融在一起，让食物迸发出不一样的滋味，有清新的马来菜，有多种调料的印度菜，更有我们最喜欢的中国菜。我们在学校吃到的都是由各种不同的烹饪手法制作出来的鸡肉、鱼肉（如咖喱鸡块、鳕鱼条），更有由各种酱料制作而成的印度菜，让我们在视觉和味觉上都有极大的享受。遗憾的是马来西亚的米饭非常硬。

公共设施：（1）校园里有便捷的饮水机，就算没有带水杯也没关系，有方便喷饮用水出来的管子，可以直接饮用。（2）拉曼大学将无障碍设施建设在校园的每一个角落，如为了方便残障人士，学校除了阶梯楼梯外，还有专门服务于残障人士的楼梯。（3）拉曼大学教室里的天花板上，除了排气管外，还有一排排透气的铁板，用来给小鸟安家乘凉。（4）在校园里，连接每栋教学楼的人行通道都有遮阳棚。

住宿：在马来西亚，大多数私立大学不在本校设立学生宿舍。学生多数是在学校附近的公寓租住，时间会根据自己的实际情况进行安排。学生可以在公寓里自己做饭，相对来说比较自由。

生态：在拉曼大学的校园里，随处可以见到小动物，围湖而建的校区内有200多种不同的鸟类，随处可见的鸽子对人类不会感到惧怕。这一切都源于当地人对生态的保护意识，小动物不怕人是对当地动物保护做出的最高评价。

教学：（1）在教学方面，拉曼大学采用的是全英文教学。一年里有3个学期，长假很少，基本上完成一个学期的任务后只有短短一周的假期。（2）在拉曼大学上课的日子，不同的教学方式让我感到新鲜且有趣。3个小时的上课时间在国内同学看来可能非常长，但是在老师的带领下我们竟然忘记了时间的存在，沉浸在课堂的互动中。与国内纯理论的讲授不同，国外的课堂讲授方式多数为互动，且全员参与。在课堂上，学生是主角，并且每个人都拥有发言权，老师会用不同的方式让我们在欢乐中汲取知识。如我们的英语口语课堂，轻松又快乐，老师结合我们的情况设计了口语话题，层层推进，让我们收获很多。（3）在拉曼大学的校园里，学生被要求身着长裤、运动鞋，佩戴校章。可以看出，学校非常重视学生的仪式感和对学校的神圣感。

在马来西亚的交流学习中，我们体会了当地的风土人情，体验了拉曼大学的教学方式，在和老师、学生的交流过程中增进了了解，开拓了眼界，更加明白了青年一代实现中国梦的征程任重道远。中马文化碰撞出的火花让我在本次行程中不仅学到了地道的英语表达，感受到了马来西亚对教育的重视，更感受到了“一带一路”倡议带来的国际影响。“一带一路”是我们在马来西亚学习交流中的热词，大家都在谈论中国的发展，谈论中国发展对自身和世界的影响。的确，在当今世界，不同国家之间经济、文化等方面的交流、交往日益深入，没有哪个国家会孤立、封闭发展，只有和平、互惠，才能构建一个美好的世界梦。

【评语】青年在开放的世界中需要拓宽视野，启迪思想。学生通过海外学习项目，亲身感受到异国与中国的种种差异，也在思考自己作为青年人的时代担当。青年人有着澎湃的爱国热情，崇尚爱国最容易凝聚青春能量，激发青年人的成就动机，将爱国主义情感化为奋发拼搏的强大动力。应该说，走出去，学生并没有被外面的世界弄得眼花缭乱，相反，他却更加明白了如何爱国，如何为实现中国梦而奋斗，也加深了对中国梦与世界梦关系的理解。

（点评专家：桂林理工大学马克思主义学院　孙　巍　副教授）

工程管理 15-1
庞敬坤

青春力量　梦想相连

一

中国梦，是中国共产党第十八次全国代表大会召开以来，习近平总书记所提出的重要指导思想和重要执政理念，正式提出于 2012 年 11 月 29 日。习总书记把中国梦定义为“实现中华民族伟大复兴，就是中华民族近代以来最伟大的梦想”，并且表示这个梦“一定能实现”。党的十九大提出的“两个阶段”为实现中国梦绘制了更加清晰的路线图，即将全面建设社会主义现代化国家的新征程分为两个阶段。第一个阶段，从 2020 年到 2035 年，在全面建成小康社会的基础上，再奋斗 15 年，基本实现社会主义现代化。第二个阶段，从 2035 年到本世纪中叶，在基本实现现代化的基础上，再奋斗 15 年，把我国建成富强、民主、文明、和谐、美丽的社会主义现代化强国。

中国梦是我们国家共同理想最形象的表达，中国梦是一个易于被广大群众接受和理解的大众目标。中国梦这个共同的理想，把党在初级阶段的发展战略、奋斗目标结合在一起；把国家富强、个人幸福的追求联系在一起；把有着共识的各个不同群体、不同阶层的社会力量凝聚在一起。所以说，中国梦与中国特色社会主义共同理想就其目标和本质而言具有完全一致性，社会主义核心价值观孕育着中国梦的要素，中国梦又是社会主义核心价值观的新体现。两者共同统一于伟大的社会主义建设实践中。

中国的发展离不开世界，世界的发展也少不了中国力量。据说澳大利亚前领导人陆克文是个中国通，大学时代主修中国历史专业，他的儿子还在中国上学。他本人曾表示，将制定一个为期五十年的中澳战略。首先是经济上的互补性，他认为现在中国的工业化速度非常快，而澳大利亚希望成为中国能源和原料的长期供应国，同时中澳在其他方面也存在一定的互补性。他还认为，澳大利亚的金融服务业和资金管理业非常先进，属于世界上最成熟的国家之一，他相信能借此与中国合作。实践证明，中国为国际社会的经济理论、政治制度、发展道路不断提供着科学先进的“中国经验”，也具备着与国际社会共享发展成果的伟大胸怀。中国很愿意在前行中寻求深度的开放，让更多的国家“搭乘”改革创新的“列车”，享受发展成果的“春风”，让全世界都能正确认识中国、愿意携手中国，走上合作共赢的更科学的全球化发展道路。

二

澳大利亚作为南半球经济最发达的国家和全球第十二大经济体，吸引了不少来自世界各地的留学生，比如我去学习的学校——伍伦贡大学，就有 80 多个来自其他国家的留学生。

来澳大利亚学习交流，我们可以学习文化，学习历史，学习英语，最重要的还是可以练好口语，学会与当地人沟通交流。两个星期的英语课程，大半时间都是在训练我们的英语交流能力。在课堂上老师会给我们一个主题，让我们用英语与其他国家的学生进行交流。通过这种方式的交流，我们可以感受到来自世界各国的文化，感受到和平共享的世界梦。

与外国开展文化交流，重要的是要坚持文化自信。国际交流开阔了眼界，拓展了思维，同时也带来了不同文化的交流和碰撞。只有对中国道路、中国文化坚定自信，才能使年轻学子在文化交流中站得住、站得稳。正如习近平总书记所说：中国共产党人要坚持“四个自信”，即中国特色社会主义道路自信、理论自信、制度自信、文化自信。朝气蓬勃的青年大学生是实现中华民族伟大复兴中国梦的希望，是实现第二个“百年目标”的主要力量。随着中国经济的增长和综合国力的增强，在建设世界一流大学的过程中，要从战略高度出发，在办学实践中自觉加强“四个自信”教育引领，不仅要培养有创新精神、有全球视野、有国际竞争力的领军型人才，更要培养具有历史使命感和时代责任感的合格建设者和可靠接班人。

“一带一路”倡议是中国构建开放型经济新格局和经济外交的顶层设计。“一带一路”倡议是一个开放包容的全球治理机制，不会局限于特定的国家或地区。中国为“一带一路”发展计划提供了丰富的资源，斥资设立了“丝路基金”。此外，亚洲基础设施投资银行的贷款也将为“一带一路”项目的落实提供支持。同时，“一带一路”的建设也需要其他国家的参与和支持，澳大利亚作为先进的发达国家，通过“一带一路”可以实现与中国在多方面的深度合作和交流。“一带一路”为中澳两国经贸发展描绘了美好的蓝图，能进一步增强双方互惠互利的合作伙伴关系。中澳经贸具有很强的互补性，“一带一路”将为澳洲多个产业带来长期发展的机遇，包括基础设施建设、银行金融业、农业、能源、旅游、教育、医疗、专业服务等行业。在践行“一带一路”合作发展的过程中，澳大利亚产业不但要进一步加强传统贸易领域优势，更要灵活发掘“一带一路”与其他关联产业的联结，从而进一步增强澳大利亚国家竞争优势。“一带一路”的建设注定将给中国带来强劲的发展动力，也将惠及澳大利亚等沿线国家。建设“一带一路”是以习近平同志为总书记的党中央着眼坚持和发展中国特色社会主义，实现中华民族伟大复兴中国梦而提出的重大战略构想，必将为实现中国梦开拓新局面、创造新机遇，必将给世界梦注入更多新动能、新活力。

“一带一路”是一条和平发展之路，是一条共享经济带，有助于相关各国通过合作促进共同安全，有效管控分歧和争端，推动各国关系协调与和谐，使沿线国家走上和平发展之路。同时，“一带一路”对保障我国战略安全，拓展战略空间，稳定能源供应，保障经济安全，突破战略包围也具有重要意义。中国希望“一带一路”能有澳大利亚的参与，实现国家间战略协作，国家之间的政治互信与战略对接对推进和平发展至关重要。习近平总书记强调，“‘一带一路’建设，倡导不同民族、不同文化要‘交而通’，而不是‘交而恶’，彼此要多拆墙、少筑墙，把对话当作‘黄金法则’用起来，大家一起做有来有往的邻居。”

这次澳大利亚之行，让我感受最深刻的是在寄宿家庭的生活，可以用无忧无虑、自由自在来形容。我学习交流的城市是卧龙岗，在悉尼附近，这里几乎都是独立户院，每户标配两至三台汽车，每周只需工作三至四天。早晨吃早餐的同时看看电视新闻，下班回家后，大家在餐桌上分享趣事，没有人会因为生计或工作、学习上的事而发愁。走在大街上还会有陌生人祝福你今天过得开心、快乐，这里的人们每天都在享受生活。美好的景象深深地影响了我，也让我感受到各个国家人民的美好梦想其实是相通的，那就是快乐地工作、快乐地生活。

三

伟大的事业需要崇高精神的支撑与推动，中国梦的实现必须弘扬中国精神，凝心聚力，汇聚成民族复兴的磅礴力量。因此，我认为思想政治理论课教学可以以此为切入点，帮助大学生领会中国精神的内涵，以及弘扬中国精神对实现中国梦的理论意义和实践意义，使大学生自觉成为中国精神的践行者和弘扬者。

学校启动实施“百名学子看世界”海外学习项目，鼓励资助学习成绩优秀的同学丰富海外学习经历，提升国际化专业能力和文化素养，这是学校人才培养改革的重要举措，也是促进学生个人发展、培养学生国际视野的重要途径。青年大学生积极投入社会实践活动对于更加坚定地跟党走中国特色社会主义道路，增强服务国家、服务人民的社会责任感，勇于探索的创新精神及善于解决问题的实践能力具有重要而深远的意义。

我的专业是工程管理，此次在澳大利亚参观科技工程创新校园就非常契合我的专业所学，这里的建筑均是按照可持续发展的理念来建造的，以保证“自给自足”的生产模式，不管是暖气供应，还是水电供应，都充分利用太阳能。居民可以自己种植瓜果时蔬，生活得很有品质。这里的设计理念很值得我们学习，作为地球上的一员无可否认，地球上的资源将越来越少，我们要学会合理利用有限的资源创造无限的未来，坚持走可持续发展道路。我们不能只顾眼前，而要着眼未来，但未来是未知的，所以我们更要提前做好准备，避免措手不及。澳洲人民对环境保护非常重视，环保意识很强。澳洲是个缺水的国家，普通老百姓都非常注重保护水资源，比如，尽可能缩短洗澡时间，没喝完的矿泉水存放在冰箱里。此外，在澳洲，火车上玩手机的乘客很少，车厢里贴着“请安静”的标志，有些人只是安静地听听音乐，有些人则选择安静地看书。一次，我们购物完上火车后，按捺不住激动的心情，侃侃而谈，一旁正在看书的老爷爷立刻制止了我们，从此我们便自觉遵守这里的“规矩”。作为当代大学生，我们要知道自己身上的担子有多重，要静下心来好好学习，多听多问多学，从小事做起，弥补自身的不足，每一步路都脚踏实地地走，才会有所收获，有所进步。非常感谢学校能给我机会来到澳大利亚这个美丽、安静却又充满热情的国家学习，这次的学习经历对我将来的学习、生活乃至今后的工作都有很大的帮助，我也会充分利用这次收获，将其化为我前进道路上良好的助力，让我走得更好、更远。

【评语】学生能通过自己在海外的学习经历，认识到中国梦与世界梦的关系，认识到发展中的中国已经成为实现和平发展共赢世界梦的重要力量。同时，学生还能不断反省、不断反思，通过文化对比、习俗对比等，认识到作为新时代大学生唯有不断提升综合素质，提高本领，才能为实现中国梦做出贡献。有了海外的见识和经历，相信学生能更加理解习总书记所说的，“青年要‘为世界进文明，为人类造幸福，以青春之我，创建青春之家庭，青春之国家，青春之民族，青春之人类，青春之地球，青春之宇宙，资以乐其无涯之生’。”

（点评专家：桂林理工大学马克思主义学院党委书记　王青山　教授）

工程管理 15-2
钱培生

世界有梦　青春同行

一

从得知我有机会参加学校“百名学子看世界”波兰罗兹大学项目的那一天起，我就一直期待踏上波兰的土地，感受波兰的历史人文和这个国度的独特魅力。

作为欧洲“琥珀之路”和“丝绸之路”交汇点的波兰，一个令我向往的国度，是历史上极具影响力和极受欢迎的钢琴作曲家肖邦的祖国，也是改变人类宇宙观的伟人哥白尼的出生地；波兰更是我国“一带一路”倡议的重要合作者，是沟通中国和欧洲的重要交通枢纽：一方面它是连接欧洲大陆东西部地区的重要桥梁，另一方面它本身的实力也不容小觑，它是东欧最大的经济体，也是中东欧地区人口、面积、经济总量最大的国家和欧盟重要的成员国。而罗兹，作为中国“一带一路”倡议的关键点城市，伴随着“蓉欧快铁”的开通，为中国打开了欧洲的大门。

2017 年 8 月 15 日，在带队老师的带领下，我们 30 名同学踏上了赴波兰游学的旅途。此行的目的地是距华沙 130 公里左右的罗兹大学，在罗兹大学我们将完成为期 12 天的学习，旨在更好地了解波兰的历史、经济、社会及文化，深入地了解波兰在生物学、生态学、水文学及计算机等学科上的成就。

出发那天，因雷暴天气延误7个小时到达北京，从而错过了飞往波兰首都华沙的飞机。但这一切并没有磨灭我对波兰的热情与向往。两天后的航班如约而至，这趟洲际航班需要9个小时。在9个小时的旅程后，我们终于到达了以大音乐家肖邦命名的机场——肖邦机场。飞机降落时，虽说我们的体力已消磨大半，但我们的热情仍然溢于言表，对未知的国度保持着最高的期待。肖邦机场给人的第一印象就是整洁与空旷。路牌井然有序且指示清晰，有波兰语也有英语，让我们这群初踏此地的人能够准确找到出口，并成功与前来接机的中文名为古拉玛的志愿者会合。

8月是波兰的雨季，昼夜温差较大，出了机场，便开始下起小雨，像是波兰欢迎我们一行人的仪式，想到这里，我的心里顿时感到愉悦，也对这场雨之后的波兰充满好奇。

二

罗兹位于波兰中部，交通方便，现改名为“中欧班列”的洲际铁路“蓉欧快铁”，便是从成都出发，以罗兹为目的地。这一铁路将为中国西部外向型经济发展注入快速发展的蓬勃动力，奏响古丝绸之路以来的亚欧经贸往来最强音，而罗兹在其中扮演着极其重要的角色。

罗兹大学在波兰是排名前三的大学，其一直面向中国的summer school项目已经开展了许多年，而我校参与罗兹大学summer school项目共12天，内容包括波兰语、波兰历史、波兰经济与社会、波兰数学发展及中波关系等，另外还有实践课程与选修课程。华沙到罗兹大约两个小时车程，波兰的公路两边都有噪音防护墙，体现了波兰人的环保意识；道路宽敞，车流少，司机开车安全意识强。

大巴行驶在波兰的高速公路上，但我的脑海里浮现的却是另外一幅画面，“一带一路”将中国与数十个国家联系在一起，“中欧班列”也通过铁路将中国西部城市与远在9900多公里外的罗兹市连接在一起。若干年后，会不会也有一条高速公路，翻山越岭，从波兰一路通往中国，让参与

“一带一路”的各个国家的命运更加紧密地联系在一起？在海外，我国“一带一路”倡议受到越来越多的认同，对沿线国家的经济、社会等领域产生了显著而深远的影响。

经过一天的休整，我们在来到罗兹大学的第二天便开始进入课堂，完成此程的主要任务——学习。课堂采用英文教学，第一课就让我印象极其深刻，“Tódz'—story of the unusual city”是关于罗兹市的故事，罗兹这座城市在历史上的命运简直可以用多舛来形容，但我从未想到今日的中国与当时的罗兹竟不是毫无关联的。1918 年之前，罗兹仍受沙俄帝国统治，但在 19 世纪 90 年代罗兹很快成为社会主义者活动的中心。我们早在中学时代就学过关于 1905 年俄国革命的历史知识，但没想到的是波兰罗兹也在其中扮演着重要的角色，1905 年 1 月 22 日“血腥星期日”事件后不久，同年的 1 月 28 日，在波兰的工业重镇罗兹，工人以“打倒独裁！打倒战争！”为口号，进行大罢工，在波兰社会主义党和波兰王国与立陶宛社会民主党的策动下，波兰全境超过 40 万工人加入，持续了 4 个星期。同年 6 月 22 日，游行群众与沙俄的骑兵相遇，游行群众向骑兵投掷石块，骑兵开枪还击，造成至少 25 人死亡，遂演变为暴动，波兰历史称之为“罗兹起义”事件。这次起义是波兰和俄罗斯境内发生的最大且最惨烈的一次革命运动。“罗兹起义”的深远意义在哪里？罗兹的工人们在当时凭借的是爱国主义与社会主义精神，由此可以看出社会主义力量在不断壮大。

没有 1905 年俄国革命的“总演习”，就没有 1917 年俄国十月革命的胜利，就不会在恰当的时候给中国带来马克思主义。从这一历史渊源来说，中国革命的成功与罗兹这座遥远的城市有着千丝万缕的联系。历史告诉我们，各国的命运早已在时间的作用下联系在了一起。习近平同志就任总书记后首次会见外国人士时就表示，国际社会日益成为一个你中有我、我中有你的“命运共同体”，面对世界经济的复杂形势和全球性问题，任何国家都不可能独善其身。而今天，用创新方式共建“一带一路”，是顺应时代潮流的战略谋划，也是加强中外合作、推动“命运共同体”紧密联系的有力平台。

波兰，二战时期被德国侵占，原因就在于波兰住着多达300万的犹太人，在此期间罗兹大部分的基础建设都因为德军的行动而被破坏殆尽。历经浴火而重生，就是罗兹给我的印象。波兰地处欧洲中部，没有御敌的天然屏障，所以自古以来不断遭到侵略。了解了波兰的历史，让我更明白，无论是中华大地抑或海外友邦，皆存在着向往自由而不屈的灵魂，为国家与人民奉献自己的力量，波兰人民如此，中国人民更是如此。

此次游学，罗兹大学不单单安排了课堂授课，更有丰富的课外实践课程。就在几天后的周五，学校安排我们一行人前往华沙参观，第一站就是著名的华沙城堡广场。华沙城堡广场是波兰首都华沙的一个广场，也是该市最美丽的地点之一。在这个地方，能看到呈五角形状的华沙王宫城堡，它建于13世纪末，但在二战期间这座美丽的城堡遭受了灭顶之灾，于1971年重建。在二战中，华沙的主要建筑都被德国法西斯毁灭，这里的一砖一瓦都在向人们诉说着战争留下的创伤，却又证明了波兰人民的坚毅。战后的建筑能够复原得益于波兰一丝不苟的工程师们，他们在战前将城市所有重要的建筑做了测量，得出详细而准确的设计图，保存了几乎所有波兰旧城主要建筑的图纸资料。二战结束后，波兰人们团结一心，才得以在短时间内让一座跟战前一模一样的华沙古城从废墟之中拔地而起。

如今看到这些建筑，敬佩之情油然而生，历史在它们身上留下了痕迹，但这些痕迹并没有破坏美感，华沙的古建筑因波兰人民的勤劳和勇敢而拥有了不一样的韵味。今日所见的古典建筑，虽仅有数十年的历史，但无论城市景观还是城市精神，华沙都呈现出新与旧、东与西的融合。中国虽说是二战中的战胜国，但同样深受战争之害，如1938年为抵挡日军的长沙大火（也称文夕大火），毁灭了长沙城自春秋战国以来的文化积累，地面文物毁灭到几近于零。长沙作为中国为数不多的2000多年城址不变的古城，文化传承也由此中断，在历史研究方面造成了不可估量的损失。

悲惨的历史总是惊人的相似，所幸波兰挺了过来，而中国也不再是当年的中国，如今的中国已经有足够的能力保护自己的国家不受侵犯，习近平总书记把近代以来中华民族伟大复兴的梦想形象地表达为中国梦。在世界历史发展进程中，不同地区、不同国家的人类文明与梦想不同，但在全球化背景下，中国梦早已与世界梦紧紧相连。世界梦是习近平同志向国际社会阐释中国梦时所提出的新话语，它反映了打造人类命运共同体的利益诉求，也映射了中国牢固树立开放发展理念的客观需要。世界梦并非单指中国或中国人民对于世界的梦想，而是指世界各国人民、区域共同体或人类命运共同体对幸福生活和理想社会的美好向往与执着追求。中国梦与世界梦本息息相通，中国人民愿意与世界各国人民携手共进，合作共赢，以实现各自的美好梦想，这也是人类命运共同体的梦想。

游览完华沙城堡广场和华沙老城区后，我们稍作休息，便前往安排好的饭馆吃午饭。波兰美食“波兰饺子”，10 个饺子有 3 种不同的馅，其中有一种奶酪馅饺子，在入口的一瞬间，我无比怀念祖国大地的各种肉馅饺子。奶酪于我而言，等同于榴梿之物，对于我等不喜之人，只闻其味便恨不得逃离十万八千里，一口入嘴，用天地色变尚不足以形容。只恨自己没有一个“国际胃”，无福享受波兰美食，在这里要真切地说一声对不起！

午饭过后，我们便前往下一个目的地——肖邦博物馆。从导游那里了解到，这座博物馆为巴洛克式宫殿，由荷兰著名建筑师蒂尔曼·哈默伦设计，在 1944 年华沙起义期间，宫殿几乎被夷为平地，1954 年基本恢复宫殿原貌，此后成为肖邦博物馆。依原貌重建的宫殿中却安置了极为现代化的肖邦博物馆，这种乍看有些违和的组合却实实在在透出波兰人在传统与现代之间行走的好功底。

展馆二楼的尽头有个小小的黑屋，衬着外方流光璀璨的现代展厅，颇有些一不小心便隐没的感觉。好奇走入，随即被满室的沉重所淹没。入口处的黑色墙柱上方注明，“1849 年 10 月 17 日，巴黎”。初时还不解，待看到肖邦临终面部石膏模型与临终速像时，才恍然大悟，这一天竟是一代音乐传奇逝世的日子。随后走进来的两位波兰男子，他们安静地站定，看着肖邦临终像默默地低头，似在低语些什么，随即又悄无声息地离开了。我想，无论展品收集得多么齐全，对于一个博物馆来说都是不足为奇的。但是这个黑色的小屋，却让人看到了波兰人民寄予肖邦的最珍贵的敬重。

这份尊敬不显白，却深重。

波兰人民对肖邦的感情不是用语言可以描述的，从肖邦机场到肖邦博物馆，从肖邦音乐椅到肖邦公园，提及肖邦已成了这个民族的习惯。肖邦之所以成为波兰的一张名片，不只是因为他的音乐造诣，更是因为他始终没有放弃过斗争，始终为祖国尽心尽力。在国无宁日、民不聊生的时候，肖邦在用音乐为之战斗，肖邦音乐成为前线战斗的冲锋号。肖邦临终前对他姐姐说："我死后，请把我的心脏带回去，我要长眠在祖国的地下。"肖邦的爱国情怀和对民族命运的担忧感染了善良的人们，他的心永远和波兰在一起。民族自信是一个民族生存和发展的力量之源，而这里面就有肖邦的一份力量。

我们中华民族的民族自信也从未动摇过，以习近平同志为总书记的党中央在扎实推进社会主义现代化建设和民族伟大复兴的进程中，十分重视民族自信的培育与增进，反复强调要毫不动摇坚定对中国特色社会主义道路自信、理论自信、制度自信、文化自信。正是因为对中国特色社会主义道路的自信和坚持，我们党才能团结带领全国人民从根本上改变了中国人民和中华民族的前途和命运，不可逆转地结束了近代以来中国内忧外患、积贫积弱的悲惨命运，不可逆转地开启了中华民族伟大复兴的历史征程。我们走自己的路，具有无比广阔的舞台，具有无比深厚的历史底蕴，具有无比强大的前进定力。每个中国人都应该有这个信心。

三

为期十几天的游学总有结束的一天，但这或许会让我铭记一辈子，它让我看到了波兰人民的精神世界，深入了解了波兰这个国家的历史和奋斗史，这是此程最宝贵的财富。我也与很多波兰朋友建立了深厚的友谊，从他们身上我看到中波人民之间的友谊在延续。

2016 年 6 月 20 日，习总书记到波兰访问。在访问中，"一带一路"是两国领导人会谈、出席活动讲话的高频词。为推动双方在"一带一路"

建设中的合作，中波领导人在习总书记访问期间做出了深入、细致的规划。用两国领导人的话来说，就是“丝绸之路”对接波方“琥珀之路”。“习主席提出了‘中国梦’，我们波兰也有‘波兰梦’”，杜达总统谈及“一带一路”合作时曾表示，两国都有加速发展、为人民带来福祉的目标。

在这段旅程之前，我不会如此真切地感受到，原来中国梦、波兰梦、欧洲梦和世界梦就在我们的身边，与我们每个人都息息相关，它正在潜移默化地改变着我们的生活。中国的发展离不开世界，世界的发展也需要中国。中国人民愿意与世界各国人民携手共进，合作共赢，以实现各自的美好梦想。为此，中国一方面将坚定不移地走和平发展道路，坚持独立自主的和平外交政策；另一方面将坚定不移地推行互利共赢的开放战略，通过全面深化合作，促进世界经济增长。毋庸置疑，中国首先倡导和推进实施的“一带一路”倡议将惠及几十个国家、数十亿人口，它既为实现中国梦开创开放发展的新篇章，也为实现世界梦注入合作共赢的新动力，使中国梦与世界梦更加紧密地联系在一起。如果数年后有机会重返波兰，我相信我会感受到由中国梦和世界梦带来的目之所及的变化，而这次旅程的记忆我也将永远铭记。

【评语】学生通过学校搭建的平台看世界，在拓宽眼界的同时，思想认识也在不断深化。在海外，学生既看到了当下的景和物，还用历史的思维分析了两个国家的历史联系和民族精神在国家发展、民族复兴道路上的重要性，尤其是学生通过游学，能结合习总书记的有关论述，对“一带一路”及世界梦有了更深刻的认识。青年学生的成长离不开其生于斯、长于斯的社会，理想信念、价值观的形成和塑造均来源于现实社会环境的影响，而各种实践平台和实践教学的教育效果确实不容小觑，多管齐下，共同发力，才能教育引导学生树立“四个正确认识”，增强中国特色社会主义道路自信、理论自信、制度自信和文化自信，勇做走在时代前列的奋进者、开拓者。

（点评专家：广西师范大学马克思主义学院博士生导师　黄瑞雄　教授）

会计学 15-1
徐铭晨

游学中感悟中国梦

一

游学（study tour），是世界各国、各民族文明中最为传统的一种学习教育方式。现代教育意义上的游学，是 20 世纪随着世界和平潮流和全球化发展进程而产生并逐渐成熟的一种国际性跨文化体验式教育模式。所谓游学，就是一个“读万卷书，行万里路”的过程。在游学期间（一般 1 ~ 4 周），学习语言课程、参观当地学校、入住学校宿舍或寄宿家庭、参观游览国外的主要城市和著名景点，真正做到学和游的结合。游学不是享受，而是一种感受，是人生的体验。在海外的游学生活，可以给青少年创造一个真实的语言学习环境，和外国学生一起居住、上课，感受他们的环境和文化。同时，也有助于青少年视野的开阔，通过丰富多彩的游学活动，引导青少年积极参与社会实践，了解国情民生，培养创新能力，达到“读万卷书，行万里路”的境界。近年来，随着人均可支配收入的增加和家庭教育观念的转变，游学模式越来越受到认可，有游学意向的人不断增加，每年因公、因私游学次数不断攀升。很荣幸，我能通过学校“百名学子看世界”项目面试，亲身参与到游学活动中。

2017 年夏天，我与 13 名同学和 2 名带队老师一起前往澳大利亚，在澳大利亚著名的伍伦贡大学进行了为期 14 天的游学之旅。历经 8 个多小时的飞行加 2 个小时的车程，我们终于来到了伍伦贡这个安静的小镇。校方给我们举行了简短的欢迎仪式，分发了行程安排表，随后我们跟随寄宿家庭的主人回到了各自的家。我们寄宿家庭的主人是一位银行经理，她一个人居住。她是一位很热心的人，第一餐便带我们到市区吃饭，并且鼓励我们尝试用英语点餐。在家里，我们住在一楼，当时刚好是澳大利亚最冷的季节，她经常会询问我们冷不冷，需不需要添被子。为了照顾我们的口味，她经常做中式饭菜给我们吃，晚上还经常和我们聊天。我们喜欢向她介绍中国的国情和人民的生活状况，当我们介绍中国的移动支付时，她被“出门办事几乎不用带钱包和现金，只需要拿一个手机就行”的现状震撼了。她说在澳洲这件事情是无法想象的，即便是刷卡，也需要在机器上输入密码。我们还向她介绍了当今中国最“火”的“共享经济”，如共享单车遍布中国的各个城市，人们通过手机扫码就可以使用单车。她非常震惊：“这样的主意是哪个天才想出来的？如果澳洲也能有的话，我就再也不用维护我那该死的破车，在家门口就能够骑上便捷的单车了！可是在澳洲这样人口较少的地方，可能并没有像中国那样庞大的市场。”我感到很自豪，惠及人民生活的互联网产业在中国快速发展，中国的“新四大发明”正在从各个方面改变着人们的生活方式，提升着人们的生活质量，这些都让发达国家的人赞不绝口。

二

我们每天上学和放学，除了要坐火车，还要搭乘公交车。在这里，许多公交车都是免费的，比如环城公交和校车。这对于市民来说是一项非常好的福利，因为澳洲的交通费用相当昂贵。每天当人们踏上公交车时，都会热情地向司机问好，而司机大多数都是年纪较大的长者，我也学着和司机打招呼，享受这种陌生人之间的温情。在一次和寄宿家庭主人的聊天中，我得知这些免费公交的司机师傅们都是退休人员。他们退休后，自愿重新上岗，做一名志愿司机。寄宿家庭的主人还说，退休老人重返工作岗位在伍伦贡是非常常见的。因为城市劳动力较少，而澳洲的高福利政策让老人们的生活非常舒适，但高福利必然意味着高税收，所以澳洲年轻人的工作压力相当大。老人也理解年轻人身上的重担，所以很多人退休以后都愿意重新上岗，为社会服务，以此来缓解年轻人的压力与社会劳动力不足的问题。这样的思想道德素养和奉献社会的价值观让我深有感触。这和我国倡导的社会主义核心价值观非常相似，也让我想起了“雷锋精神”。其实，衡量一个人是否伟大，不看他拥有什么，而看他为这个社会做了什么。虽然两国国情并不同，但是这种价值观是我们应该大力提倡和宣扬的。

学习，是我们来到澳大利亚的一大目的。这几天在伍伦贡大学的学习是非常棒的体验。第一天是测试，对我们的英语能力进行测评，然后进行分班。我所分到的班级有很多来自不同国家、不同地区的伙伴，虽然母语不同，但是我们都努力地用英语进行交流。这里每个班级人数很少，只有十三四个人。我们的课程主要是英语学习，同时了解澳洲文化。老师每天都会准备不同的主题让我们学习，我们因此增长了很多知识。完全英语环境下的学习，让我的听力和口语有了很大的提高。让我感触比较深的是，国外上课的方式与国内不一样，这边的课堂更多的是交流与表达自己的想法。由于班级人数少，老师可以关注到每一位同学的学习情况、听课状态，同学们也可以随时向老师提问，教学氛围特别轻松。在课堂上，老师会给学生许多发言机会，去和同学、老师交流，表达自己的想法，让学生在文化差异中感受异国的文化，在文化碰撞中求同存异。上课的地点也不局限于教室，教学楼前的草坪、体育馆、咖啡馆、机房、阅读室，都可以成为上课的地点。轻松愉快的学习氛围更激发了我们学习的热情，也激发了我们的创造力、想象力。

在伍伦贡生活的这几天里，有几件事情让我感触颇深。我们每天都是坐火车上下学，可是火车站门口并没有人监督是否买票，也没有闸机要求刷卡后才能进入，只是安装了一个小小的刷卡机器，进站时刷一次，出站时刷一次，刷不刷卡，全凭自觉。同样的，在大型购物超市里，购买商品之后也是自助付款，自觉付费，现场井然有序。一方面，这和国家的诚信惩罚系统有关，在国外失信成本很高。另一方面，这也反映着他们国人的思想素质和法律素养。党的十九大报告提出要加强思想道德建设，践行社会主义核心价值观，不断提升全民素养，以量变促质变。随着我们国家经济和社会的不断发展，我相信人们的社会公德和法律素养也会得到提高。

来到澳洲，我深深地被它的美丽所吸引。天空是湛蓝色的，绿化程度非常高，每户人家的门口都有一大片草坪。空气十分清新，没有污染，夜晚可以看到很多星星。澳洲人的环保节约意识渗透在他们生活的点点滴滴中，如垃圾分类，每户人家的门口都有绿、红、黄3种颜色的垃圾桶，分别用于装可回收垃圾、不可回收垃圾和混合垃圾，每次扔垃圾他们都会按垃圾的类别分类投放。我们还参观了热带雨林，走的是为保护雨林生态环境而特意搭建的木质人行道，老师一再叮嘱我们不可以踩在土地上，更不能破坏雨林里的植物。另外，澳洲是一个淡水资源极其匮乏的国家，澳洲人从小就养成了节约用水的好习惯，洗澡不会超过15分钟，马桶冲水按照不同的需求分为大、小水量两种冲水模式。澳洲人的生态观念和行为值得我们学习和借鉴。当前，我国对生态保护越来越重视，十九大报告提出建设生态文明是中华民族永续发展的千年大计。我们必须树立和践行“绿水青山就是金山银山”的理念，坚持节约资源和保护环境的基本国策，像对待生命一样对待生态环境，统筹山水林田湖草系统治理，实行最严格的生态环境保护制度，形成绿色发展方式和生活方式，坚定走生产发展、生活富裕、生态良好的文明发展道路，建设美丽中国，为人民创造良好生产生活环境，为全球生态安全做出贡献。

三

14天的澳洲之旅，让我领略了南半球的别样风光，深感我们要学习的还有很多，但同时也看到了我们伟大祖国的光彩。近年来，“一带一路”倡议在国际合作中掀起了一股热潮。从2013年习近平主席首次提出“一带一路”倡议，即共同建设“丝绸之路经济带”和“21世纪海上丝绸之路”起，“一带一路”建设逐渐从理论转化为行动，从愿望转变为现实，建设成果丰硕，国际影响深远。虽然“一带一路”主要是联结亚洲、非洲、欧洲等国家，一起致力于促进共同发展、实现共同繁荣，但也为澳大利亚带来了许多机会。澳大利亚澳瑞凯公司董事会主席马尔科姆·布鲁姆黑德说，澳大利亚商界完全支持中国的“一带一路”倡议，这一倡议能够为亚洲、欧洲、非洲各国带来共同发展和繁荣。他表示，对于澳瑞凯这样一家在52个国家和地区运营的矿业服务公司来说，丝绸之路经济带建设将为其在中亚地区带来大量商业机会。他说：“‘一带一路’对服务业公司而言是个巨大的机会。这个倡议本身很务实，不仅关乎中国和澳大利亚，还涉及第三国。”2009年，澳大利亚联邦政府成立北部开发办公室，旨在开发人口稀少但资源丰富的北部地区。2015年，澳政府发表了北部开发白皮书并计划投入巨资推动北部的基础设施建设。同时担任矿业巨头必和必拓公司董事的布鲁姆黑德还表示，希望澳大利亚将来能与中国通过“一带一路”加强合作。他说，这不仅会让澳大利亚公司与中国企业的合作更加顺畅，也将为来澳投资的中国公司增添更多便利。

“一带一路”不只是经济贸易之路，还是文化交流之路、友谊之路、和平之路，是中国主动寻求与世界各国发展最大公约数、分享中国发展经验、呈献中国智慧的伟大之路。“一带一路”倡议实施后，得到了世界许多国家的积极响应，各国争相加入，希望搭上中国发展的“顺风车”，共享发展红利。未来必然会有越来越多的国家和地区主动接入“一带一路”，从中国智慧、中国方案、中国主张中找到自身发展的新出路、新希望、新道路，在与中国深化合作中实现繁荣、进步和发展，让各自国家的人民都能得到实实在在的获得感和幸福感。

中国的经济越来越好，国际合作越来越多，在国际上的地位越来越稳固。但中华民族要想重新屹立于世界民族之林，光靠这些是不够的，我们更需要内驱动力——凝聚亿万中国人精气神的中国梦。中国梦崇高而伟大，也实在而具体。它是每一个中国人的梦，是13亿人微小梦想的集合和结晶：期盼更好的教育、更稳定的工作、更满意的收入、更可靠的社会保障、更高水平的医疗卫生服务、更舒适的居住条件、更优美的环境，期盼孩子们能安全、健康、快乐地成长。每一个微小梦想的实现都需要努力和付出，民族复兴的大业更需要一代代人的接力前行。作为当代青年，我们不仅要树立远大的理想，同时也要脚踏实地，培养全面过硬的素质能力，解放思想，创新发展。

出门方知天下大。感谢学校给我这样一个海外游学的机会，让我能够走出去看一看。只有亲身经历过，才知道我们与别人相比差在哪里，该如何取长补短。“路漫漫其修远兮，吾将上下而求索”，在接下来的学习生活中，我将努力培养自己的创新精神、全球视野和国际竞争力，为实现个人梦、中国梦、世界梦而刻苦学习，争取成为具有历史使命感和时代责任感的合格建设者和可靠接班人。

【评语】的确，正如学生所言，出门方知天下大。通过走出去，到国外游学，学生在生活化的场景中加深了对中国梦的认识，加深了对文化交流重要性的认识，拓展了自己的思维和视野。游学不是享受，而是一种感受，是人生的体验。学生能很好地利用游学的机会深深体会异国的发展及“一带一路”倡议的实施效果，应该说，通过这种见人见物见生活的实践活动，极大地增强了思想政治教育的效果，也在潜移默化中引导着学生树立“四个正确认识”。

（点评专家：桂林理工大学南宁分校党委书记　白永生　副教授）

水文与水资源工程16-1
张 俊

感知世界 成就梦想

一

学校开展的“百名学子看世界”学习项目每年会选派一批品学兼优的大学生赴国外多所知名大学进行专业文化和能力培养体验式课程学习，目的是为学生搭建高品质的国际交流平台，提高学生的国际交流能力和就业竞争力。通过学校提供的这个学习平台，2017 年暑假，我们不远万里，远赴加拿大进行了暑期实践交流学习活动。非常感谢学校提供的项目平台，让我们接触了世界，了解了世界，培养了我们的国际交流能力及英语应用能力。

中国梦的实现，国家改革开放带来的经济发展是基石，无论个人还是国家都需要靠经济充实实力。习近平总书记曾说过：“没有改革开放，就没有中国的今天，也就没有中国的明天。”繁荣的国家才会选择开放，而开放则使一个国家更繁荣。对于开放，很重要的过程就是走出去，各行各业走出去，看看世界的发展，学习借鉴吸收，同时分享“中国经验”。对于广大在校大学生来说，更应该走出去，去接触外面的世界，感受国际前沿的教育方式，开拓自己的全球视野。此次活动对我来说，是一次很重要的机遇，但同时也是一项挑战，从 6 月份报名入选成功的那一刻，我就开始做各项准备，当时给自己列了几个任务：（1）打牢自身的专业英语基础；（2）英语口语水平必须要到位，最基本的交流沟通能力要有，出发前必每日训练；（3）了解加拿大的国情及对接学校所在地区的基本情况等；（4）办理赴加相关手续，了解相应的法律法规等。实践证明，这些准备是很有用的，也只有经过这样的准备，然后通过实践去了解、去感受，才能有收获，毕竟“纸上得来终觉浅，绝知此事要躬行”。

在出发的前几天，团队有 3 个人收到了加拿大签证署的拒签信，但好在经过第二次申请得以顺利前往。通过这个小插曲，我感受到除去个人的实际原因外，这也是和国家实力挂钩的，国家发展得越好，护照在国际社会的认可度就越高，越有价值，真心希望祖国越来越强大。

我们要去的城市是温哥华。温哥华位于加拿大不列颠哥伦比亚省南端，是一座美丽的城市，三面环山，一面傍海，虽处于和中国黑龙江省相近的高纬度，但南面受太平洋季风和暖流影响，东北部有纵贯北美大陆的落基山脉作屏障，终年气候温和、湿润，环境宜人。这里的气候是温哥华近年经常在各项世界最佳居住城市的调查中名列前茅的原因之一。除此之外，温哥华也是加拿大西海岸最大的工商、金融、科技和文化中心。温哥华港是加拿大最大和最繁忙的港口，货物吞吐量排北美第四大港口。此外，温哥华的自然环境深受游客喜爱，旅游业成为市内继林木业后的第二大经济支柱。温哥华也是北美继洛杉矶和纽约后的第三大制片中心，更有“北方好莱坞”之称。可以说，温哥华是旅游业、木材业、影视业、运输业等都很发达的海湾城市。

温哥华是加拿大第二大华人集聚地，尤其以广东籍华人居多，中餐馆类型也多以广式及港式为主。因此，在温哥华说粤语，在一定程度上会便利很多。广州和温哥华于 1985 年结为友好城市，它们有着很多的相似之处，都让人流连忘返。作为加拿大通向太平洋的门户，温哥华凭借其特有的吸引力，吸引大批移民来到加拿大，来到温哥华。

二

我们于温哥华当地时间 8 月 2 日 13 点抵达温哥华国际机场。离开祖国，最大的挑战还是英语交流能力。一开始身处全英文的环境，在感到新鲜及兴奋的同时，还有些拘谨，不敢多说，这大概是因为我们平时接触的外国人少的原因吧，显得有些不自信。出乎意料的是，这里的很多指示牌都有中文标示，也有很多华人工作人员，所以一路上很顺利。这一现象从侧面说明了每年来温哥华旅游的华人之多。近年来出境游的中国人越来越多，经济飞速发展的中国，与世界接触得越来越频繁，他国也越来越重视与中国的合作。可以说，世界的发展离不开中国力量。当然，这并不能成为我们放弃学英语的理由，即使有再多为中国游客提供的便利存在，但要想真正了解当地的风土人情及历史人文等，还得自己用英语去与当地人交流。

我们在加拿大期间住的是当地的 home stay，来留学的学生可以选择和一些当地的家庭住在一起，就是寄宿的性质，我们访学团一行当时分别住进了不同的家庭。温哥华的木材业很发达，是当地的第一产业，在我们游览的公园里，大多是高大的杉树，所以当地的房子多是木制的，廉价且可回收利用，但有个缺点，就是隔音不好，对于外面是隔音的，但对于房子内部上下层间隔音效果很差。我们寄宿家庭的主人是从香港移民过来的，会说粤语，交流主要用英语，有两个小孩，都会说粤语与英语。这家人对孩子的教育非常重视，从小就培养小孩掌握一到两门乐器，以及体会阅读的乐趣。最让我印象深刻的是“分享”，他们常把“sharing”（分享）这个单词挂在嘴边，教育小孩要学会分享。

在与寄宿家庭的相处中，无论是在日常的英语交流方面、饮食文化方面，还是他们对自己孩子的教育方面，都让我们有很大的感触。寄宿家庭的经历无疑是整个行程中最令我们印象深刻且弥足珍贵的一部分。无论我们的成员寄宿在哪个家庭，寄宿家庭的主人都饱含热情地接待我们，他们解答了我们对加拿大各式各样的疑问，让我们受益匪浅。尽管我们有着不同的文化背景、不同的生活习惯，但都没有影响我们敞开心扉地交流彼此在生活与文化上见解。他们用生活中最真实的一面，带我们走进了加拿大的家庭生活，体验了加拿大家庭的温暖。

与我们项目对接的学校 Kwantlen Polytechnic University（简称 KPU），在加拿大不列颠哥伦比亚省大温哥华地区是一所能够授予本科学位和各种文凭及证书的综合性本科教育大学。它一共有 4 个校区，分别位于列治文（Richmond）、素里（Surrey）、克洛弗代尔（Cloverdale）、兰里市（Langley）。我们主要在列治文校区进行课程学习。我们的学习计划分为课程学习（class）和实地研究（field study）这两部分。

全英文的教学环境是对我们最大的挑战。课程学习包括专业上的课程学习，以及对加拿大环境保护和水源保护，还有垃圾分类和农业技术的了解，都是非常不错的学习经历。在垃圾分类方面，加拿大有很系统的分类标准及分类方法，垃圾桶分为深灰色、蓝色、绿色、黑色。其中，深灰色的主要是放置可回收垃圾；蓝色的主要放置塑料制品、铝罐等一些可回收的废品；绿色的主要放置厨余及食物垃圾等；黑色的主要放置不可回收垃圾，如被食品污染的铝箔、蜡纸、非回收礼盒等。至于大件的家庭废品，需通知政府相关部门来接收，不能随意丢弃。还有一些比较特殊的垃圾，需要拿去规定的地点（drop-off depot）集中收集。这些举措对于加拿大的环境保护十分重要。值得一提的是，当地居民都有很强的垃圾分类意识。正是因为居民都参与了，当地的垃圾分类才如此成功。

在交通出行方面，温哥华的公共交通十分便利。温哥华有多种便利的公共交通工具，如公共汽车、无轨电车、“海上巴士”。虽然没有地铁，却有“天铁”——天上的火车（sky train），类似于国内的轻轨。比起地铁来，“天铁”有许多优越性，如建设成本低、施工期短、管理方便等。“天铁”实行诚信收费，乘客在自动售票机自动购票。在温哥华这座空地较多、高层建筑较少的城市里修筑“天铁”，不失为一种明智的选择。值得一提的是，温哥华的公交车全部是超低车厢，设计得很人性化，尤其方便老人与小孩上下车。在当地，为减少汽车尾气的排放，政府鼓励乘坐公共交通，因此制定了很多优惠的政策，比如车票的通用性，即持一张车票，可以换乘不同的公共交通工具，不用再次购票。在观察当地司机的开车习惯后我发现，这里真的是非常有秩序。例如，在路口红灯右转时，必须先把车停稳，让行其他车辆后才可以转弯。即使没有其他车辆，也不可以不停车而直接右转。遇有stop（停车）标志牌，必须把车停稳，然后再前行。如果一个路口几个方向都有stop牌，进入路口的车辆，谁先停，谁先走，其他车要礼让；同时停下的，右车先走。有一种标志牌上面是倒置的三角形，那是“让行牌”。在立有那种标志牌的地方，必须让行其他方向来的车辆，但是如果没有其他车辆通行，可以不停车（这是与stop牌的区别，stop牌是无论有没有其他车，都必须先停下）。每一个当地司机都遵守这样的规则，让我有些惊讶。驾车文明很重要，毕竟在温哥华基本每家每户都有一部以上的私家车。加拿大国家公路系统由国道及地区公路干线组成，公路网总长90万公里——足以绕地球22圈！所以他们的出行在很大程度上依赖于开车，尤其是在郊区的居民。有趣的是，中国元素也悄然走进了温哥华的市区，那就是摩拜共享单车，虽然这不再是什么新话题，但对我们来说足以吸引眼球。

加拿大的农业全都使用有机肥料。在垃圾分类的基础上，集中处理餐厨垃圾，这些垃圾经收集后被送到有机肥加工厂，加工成有机肥或有机土产品在各大超市出售，种植者拿去农田施肥。这可以说是领先世界的做法，是非常值得学习的一项技术。

关于水源地的保护，加拿大有着近似苛刻的要求。曾有过一个报道，有个小孩子在水库处小便，当地政府便放空水库里的水，重新蓄过。在这样的严格监管监控下，加拿大各家各户的管道水都是可以直接饮用的，这一点让我印象深刻。

三

在我们学习的课程中，有一节课是讲述有关于落基山脉的山火对周围城市空气的影响，地形地貌及城市地区特有的下垫面条件和水文地质条件包括风向对烟雾扩散及转移的影响。落基山脉的山火每年都会发生，但多是小范围的、自发的，一般会“自生自灭”。但我们游学的这一年情况有所不同，山火发生的范围很广，火势比较严峻，不仅烧毁了大片森林，还产生了大量的烟雾及颗粒物，给当地及周围地区的空气质量造成了极大的影响。当天我们抵达温哥华时，天空是灰色的，没有呈现往年这个时节该有的深蓝色，随后几天亦是如此。当时正值当地的旅游旺季，落基山脉的山火对当地的旅游业造成了巨大的影响。学校专门安排我们学习了 *Air Pollution* 和 *Health Effect* 这两篇文章，以加深我们对环境保护的认识。

本次交流项目的另一项内容是 field study。在当地向导的带领下，我们 field study 的第一站来到了维多利亚岛屿，这里是温哥华的政治中心，有着壮观的 British Columbia Parliament Buildings（不列颠哥伦比亚省议会大厦），它由 3 栋哥特式的建筑组成，分为中央区、东区与西区，是加拿大政府及参议院所在地。岛上还有著名的 Butchant Garden（布查特花园，又名宝翠花园），每年访问人数达 100 万人次，是加拿大最有名的花园。其中的中国元素“龙吐水”夺人眼球，这极具灵性的龙造型，是苏州市人民政府为纪念与维多利亚城市结为姐妹城市 35 周年时，代表中国政府赠送给 Butchant Garden 的礼物，是两国友好的象征。

field study 的第二站 Capilano Suspension Bridge and Park（卡皮拉诺吊桥公园），是北温哥华最著名的旅游观光胜地，也是温哥华历史上最古老的观光景点。卡皮拉诺吊桥全长 137 米，自 100 多年前起，吊桥就只以 2 条粗麻绳和香木板悬挂在卡皮拉诺河（Capilano River）河谷湍急的水面上近 70 米的高空中。

我们经过的任何地方，都没有见到被丢弃在地上的垃圾。这里的人环保意识都很强，这和当地的管理是分不开的。在参观了当地一些著名的旅游景点后，我们切实地感受到了绿水青山真的就是金山银山。

此外，在加期间，我们还受到了加拿大广西总商会的热情接待。据了解，我们与昆特伦理工大学的合作，是商会帮忙牵线的，感谢他们为了实现我们看世界的梦而付出的努力。其实，在海外的华人华侨见到祖国故乡的人都会倍感亲切。在海外拼搏的不易，不仅仅是事业上的，更多的或许是情怀上的吧。习总书记说过：要想实现伟大的中国梦，海外的华人华侨是不可缺少的。正是有了他们这样一批背井离乡赴他国去工作、去建设、去生活的中国人，才让中国更进一步地与世界联系在一起，而他们的点滴付出，正在助力伟大中国梦的实现。

【评语】从学生的行文中可以看出这是一位细心、用功、爱思考的新时代大学生。学生无论是在寄宿家庭还是学习阶段，都能进行比对和思考，能将自己的专业学习结合到游学之中，用专业的眼光审视我们与异国的差异。习近平总书记曾勉励学子：年轻人在学校要心无旁骛，学成文武艺，报效祖国和人民，报效中华民族。要做有理想、有追求的大学生，做有担当、有作为的大学生，做有品质、有修养的大学生。通过此次海外游学，相信学生无论从思想认识、道德修养，还是专业学习等方面都有了很大的提高。

（点评专家：桂林理工大学马克思主义学院　耿俊茂　教授）

冶金工程 15-1
莫凤岚

丝带相牵　共圆梦想

一

伴随着飞机起飞的轰鸣声，两周的波兰交流学习已经落下帷幕。飞机上有人静寐，可能在回忆自己的旅程；有人低语，大概在分享自己的见闻；有人微笑不语，似乎在表达即将回家的喜悦。而我，也在静静地回想这几天的所见所闻。学校组织的“百名学子看世界”海外学习项目旨在通过与海外高水平大学的合作和文化交流，在将中国的文化带到世界各地的同时，鼓励并资助学习成绩优秀的同学丰富海外学习经历，提升国际化专业能力和文化素养。

通过这次海外学习，我加深了对中国梦、世界梦的认识。中国梦，就其本质而言，就是实现中华民族伟大复兴，就是每一个中华儿女都能将理想变成现实。中国梦是中国共产党第十八次全国代表大会召开以来，习近平总书记所提出的重要指导思想和重要执政理念，正式提出于 2012 年 11 月 29 日。习总书记把中国梦定义为“实现中华民族伟大复兴，就是中华民族近代以来最伟大的梦想”，并且表示这个梦“一定能实现”。中国梦，是一个希望未来实现国家富强、民族振兴、人民幸福的梦，实现途径是走中国特色社会主义道路、坚持中国特色社会主义理论体系、弘扬民族精神、凝聚中国力量，实施手段是政治、经济、文化、社会、生态文明五位一体建设。但是中国的发展离不开与世界的共同合作，世界的发展也离不开中国的参与，“共赢”渐渐成为我们共同的心声。实践证明，中国为国际社会的经济理论、政治制度、发展道路不断提供着科学先进的“中国经验”，也具备着与国际社会共享发展成果的伟大胸怀。中国很愿意在前行中寻求深度的开放，让更多的国家搭乘改革创新的“列车”，享受发展成果的“春风”，让全世界都能正确认识中国、愿意携手中国，走上合作共赢的更科学的全球化发展道路。

我最初知道波兰是因为游戏《巫师 3：狂猎》（*The Witcher* 3：*Wild Hunt*），这款游戏是由 CD Projekt RED 制作，WB Games（NA）、Spike Chunsoft（JP）发行的一款由同名小说改编而成的角色扮演类单机游戏，在 2015 年 5 月 19 日发行，是《巫师》系列游戏作品的第三部，也是杰洛特冒险的终曲。自发行以来，这款游戏曾获第 33 届金摇杆奖最佳剧情、最佳视觉设计、最佳游戏时刻，更获得了年度最佳游戏大奖，此外还获得了 IGN 2015 年度最佳游戏。其中，血与酒大型资料片获得由 The Game Awards（简称 TGA）于北京时间 2016 年 12 月 2 日所颁发的年度“最佳游戏角色扮演游戏”奖。就连美国前总统奥巴马去波兰访问时都提到《巫师》游戏系列的巨大成功，将其当作波兰发展为创意产业和高科技中心的例子。

就面积而言，毋庸置疑，波兰是一个“小”国。它位于中欧，由 16 个省组成，是一个民主共和制国家。但“小”并不等于“弱”。波兰是一个发达的资本主义国家，近年来无论是在欧盟，还是在国际舞台上，其地位都与日俱增。自 1918 年 11 月 11 日恢复独立以来，经过 90 年的高速发展，尤其是进入 21 世纪初，波兰的国际影响力逐渐增强。抵达波兰的第一天，我就感受到了波兰人的热情。虽然语言不通，但经常会遇到向我微笑示意的朋友。虽然他们听不懂我的话，但还是热心地帮助我。

二

我们来到的罗兹大学，设有生物与环境保护学院、化学学院、经济与社会学院、语言学院、哲学与历史学院、物理与应用信息学院、数学与信息学院、地理科学学院、教育科学学院、法律管理学院、国际政治研究学院及管理学院等学术单位。我选修的是波兰的“生态与水文”这一门科目。在选修的第一天我们就到专业研究室进行参观，实验室老师介绍了罗兹本地的生态环境，我们亲眼看到了他们日常使用的研究器材。接下来几天，就是进行不同专业的学习和实地考察。在课程讲解时，老师们会带我们到室外生态系统更直观地感受学科魅力。比如，老师带我们来到一个公园，河水清澈见底，行人悠闲自得，河里还有人比赛游泳。但是等我们到了水的源头才发现，源头居然是一个污水排放出口。经过人为的生态改造，注重运用自然的方式，一层一层处理污水，最后污水变成供小动物们栖息和人们游泳的干净用水。波兰人民在日常生活中也十分重视环境生态。我们在波兰的街道上行走，随处可见各种植株，郁郁葱葱，花团锦簇。各色的花，让人每天都心旷神怡。还有很多小动物，如鸽子、松鼠、天鹅等，在自己的栖息地生活得自由自在。人们并不会去打扰它们，而是让它们自然地繁衍生息。

在波兰的两周，我们也跟随着当地的导游进行了一些游览。无论是习俗、语言，还是气候环境，波兰都是一个风格迥异于我国的国家。在波兰共和国的首都华沙，我们见到了华沙老城。老城最有名的老皇宫是 13 世纪波兰国王从克拉科夫迁都到华沙后建立的城堡式宫殿。二战期间，90%的老皇宫被毁坏，只剩下三堵墙，战后，波兰人民在原地利用残骸重新建起这座宫殿。时值圣诞前夕，一棵高大的圣诞树装点着古堡，更显宏伟和亲切，广场上高高矗立的是其格蒙特四世为纪念父亲迁都华沙而建的纪念柱。各种历史纪念物、名胜古迹大都集中在老城区，宏伟的宫殿、巨大的教堂，还有各式各样的箭楼、城堡等。老城区位于维斯瓦河西岸，中世纪巍峨壮观的红色尖顶建筑群集中在这里，四周环绕着红砖砌成的13世纪的内墙和14世纪的外墙，四角有高耸的古式城堡。波兰著名的古老建筑有被誉为“波兰民族文化纪念碑”的昔日皇宫、华沙最美丽壮观的巴洛克式建筑克拉辛斯基宫、波兰古典主义建筑杰出代表作瓦津基宫，以及圣十字教堂、圣约翰教堂、罗马教堂、俄罗斯教堂等。城区到处耸立着纪念碑、雕像或铸像，维斯瓦河畔的美人鱼青铜雕像为华沙的城徽图案。走在老城，随处可见各国游客，其中不乏亚洲人。老城的古建筑物保存完整，和当地的氛围融为一体。走在老城的街上随手一拍，精美的画面就会定格，令人陶醉。路上不时有人驾着马车经过，仿佛置身上个世纪。

或许更多的人知道波兰是因为其他的原因，比如肖邦。在华沙的瓦津基公园，有一座雕像被称为世界上最飘逸的肖邦雕像，在一片繁盛的枝叶面前，肖邦潇洒地昂着头，好似有风拂过，吹起头发和衣衫；又像他在感受内心的音乐，轻盈飘逸，音韵无穷。这座雕像受到世界各地游客的喜爱，也成为前来华沙不可错过的景点。肖邦的音乐，要么激情澎湃血脉贲张，要么阴郁忧伤顾影自怜，倒是十分契合这座雕塑本身。在瓦津基公园，每年5月至9月，每个周日的12点和下午4点，都会有露天肖邦音乐会——肖邦雕塑下的音乐会。如果你是一个热爱音乐的人，相信你一定会很乐意和一群有相同爱好的人享受其中。

追溯历史，我国自古以来就和波兰关系密切。据传，大约在800年前，一位神父从波兰罗兹省出发，到了中国，向中国人介绍欧洲，比马可·波罗还要早。在波兰首都华沙，瓦津基公园是波兰人最喜欢的公园，又被外国人称为“肖邦公园”。18世纪，出于对中国文化的痴迷，当时的波兰国王斯坦尼斯瓦夫·奥古斯特将从这里通往夏宫维兰诺夫宫长约5公里的道路命名为“中国大道”。全盛时期的瓦津基，除了中国大道，还有中国桥、石狮、游龙和凤凰等中国元素，当年的奥古斯特国王酷爱中国文化，不仅收集中国瓷器，还在“中国大道”上修建了两座石木结构的中国桥和一座木质结构的中国式门楼。“中国大道”300多年来一直是中国与波兰友好交往的历史见证。当然，波兰与中国之间的联系远不止“中国大道”，还体现在经济、教育、文化等各个方面。

三

1949 年 10 月 7 日，波兰和中国建立大使级外交关系，成为最早与新中国建交的国家之一。2011 年 12 月，中波建立战略伙伴关系，双边关系进入新的发展阶段。波兰已经保持了连续 7 年的中国在中东欧地区最大贸易伙伴地位。2013 年 4 月 26 日，中欧班列中的重要线路——蓉欧国际快速铁路货运直达班列（简称“蓉欧快铁”）开行，该班列一端联系中国西部重要的中心城市成都，一端对接欧洲大陆新兴的交通枢纽波兰罗兹和库特诺等地，“蓉欧快铁”在“一带一路”上飞奔，构筑了中波经贸新格局。

2013 年，中国国家主席习近平提出了“一带一路”倡议，为沿线国家优势互补、开放发展开启了新的机遇之窗，得到了包括波兰在内的世界众多国家的积极响应和支持。波兰官方、智库、媒体等各界人士高度评价“一带一路”倡议。杜达总统、谢德沃总理等领导人在多个场合表示，“一带一路”对波兰意味着机遇，波兰高度赞赏该倡议并愿意参与其中，积极致力于推动欧亚合作，波兰愿成为中方推进“一带一路”建设的重要合作伙伴。

2016 年 3 月，波兰前总统科莫罗夫斯基访华。同年 6 月，习近平主席对波兰进行国事访问，于 20 日签署的《中华人民共和国和波兰共和国关于建立全面战略伙伴关系的联合声明》中，明确提出双方致力于在中国提出的“一带一路”和波兰提出的“可持续发展计划”框架下共同推动双边合作，两国关系提升为全面战略伙伴关系。中波关系友好至今，离不开中波的传统友谊和两国人民的共同意愿，中国愿与波兰一道，抓住两国发展战略对接和“一带一路”建设、“16 + 1 合作”等带来的战略机遇，携手共进，共同推动中波全面战略伙伴关系在新起点继续发展。

国家的发展离不开我们每一个人。古语说得好，“国家兴亡，匹夫有责。”学校开展这次交流活动，是为了让我们每个人都能体会到当代大学生身上所肩负的责任。个人梦和中国梦是辩证统一的关系。中国梦就其本质而言就是实现中华民族伟大复兴，就是每一个中华儿女都能将理想变成现实。单纯的理论灌输可能难以唤起学生的血性，但是通过实践游学等方式，可以增强开展中国梦等理论教育的说服力，激发青年学生内心的民族自豪感和责任感，让我们主动思考自我价值的实现路径，奋发图强，志存高远，为实现民族复兴的中国梦努力作为！

【评语】走出国门，到异国感受中国梦、世界梦，学生的认识和感受就不会仅仅停留在表面。通过这篇心得体会可以看出，游学项目加深了学生对异国文化的了解，同时也使其从历史的维度了解到两国的交流渊源。正是因为两国有了长久的、各层面的交流交往，才有了在“一带一路”倡议提出后更加紧密联系的“中欧班列”，相信有了青年一代的友谊延续，这趟友谊之列、共赢之列、和平之列会更加快捷、通畅！

（点评专家：桂林理工大学马克思主义学院院长　邱　杰　教授）

房地产开发与管理 16-2
曾锦波

绿水青山“创”出金山银山

自习近平总书记提出“绿水青山就是金山银山”的科学论断以来，绿色发展就一直是时代发展的主基调之一。随着大众创业浪潮的推进，让“沉寂”的农村在创新创业中实现产业发展、农民富裕，让青山绿水焕发出生机活力，真正成为金山银山，是我们践行新思想、新理念的具体体现。

广西的森林覆盖率远远高于全国水平，广西拥有全国三分之一的长寿之乡，但同时又是全国脱贫攻坚的主战场之一，这对于拥有绿水青山的广西来说，无异于“捧着金饭碗却吃不饱饭”。作为新时代的大学生，我曾经疑惑：农村的绿水青山，怎样才能变成金山银山？国家政策会赋予农村怎样的发展机遇？借助“挑战杯”中国大学生课外科技作品竞赛，通过在贺州市、百色市和桂林市实地调研，我找到了问题的答案。“创新创业”的思维有力推动了林果农致富，三权分置让农业走上了转型的道路，高铁的建设让林果农有了创业的契机，农产品加工业的发展提高了农产品的附加值，生态健康产业的布局拓宽了林果农的创业道路。农业在转型，旅游在路上，养老在布局，在大众创业万众创新的春风中，广西的林果农们意气风发。

调查结果表明，当前适合广大农村的创业致富模式分为三个阶段，分别是“三权分置推动的土地利用——1.0 阶段”“时代机遇引导的附加值开发——2.0 阶段”和“中央一号文件发起的新型田园创业——3.0 阶段”。三个阶段有效利用了当前农村的“天时地利人和”，层层递进，相融共生，在农民“开天辟地”的魄力、“四两拨千斤”的巧劲和“审时度势”的洞察下，创出一片“金山银山”。

一

林果农，是从事林果业的农民。林果业（包括树林、园林、果木、花卉）是农业产业结构的重要组成部分，也是生态效益和经济效益并重的产业。2010 年广西壮族自治区人民政府颁发了《关于实施“绿满八桂”造林绿化工程的意见》，2013 年自治区党委、政府决定开展“美丽广西”乡村建设活动，打好广西的生态“底色”，让广西“有山皆绿，有水皆清”，让林果业成为农民的致富产业。“绿满八桂”造林绿化工程和“美丽广西”乡村建设活动的实施令许多地区拥有了良好的生态基础和在农村创业致富的基本条件。

广西长寿之乡的数量占全国的三分之一。为了获得第一手资料，我们调研团队历时两年，通过实地调研与互联网结合的方式对广西 30 个代表性绿水青山地区进行了前期调研，调研地区分别是巴马瑶族自治县、岑溪市、大化瑶族自治县、大新县、东兰县、东兴市、凤山县、扶绥县、富川瑶族自治县、恭城瑶族自治县、金秀瑶族自治县、凌云县、龙州县、马山县、蒙山县、容县、上林县、天等县、天峨县、象州县、阳朔县、宜州市、永福县、昭平县、钟山县、荔浦县、田东县、田林县、西林县、田阳县，其中有 25 个县（市）属于“中国长寿之乡”，生态优势突出，属于绿水青山的典型地区。

调研团队选择贺州市、桂林市和百色市进行典型调研，三个区域在生态和林果业方面有着独特的优势。贺州市位于湘粤桂三省（区）交界处，是珠三角 1.5 小时高铁圈成员城市，是广西唯一入围开展“多规合一”改革试点的城市。在林果业发展方面，贺州市是华南地区最大的脐橙种植基地，是中国有机茶之乡，是全国知名的贡柑产地。贺州全县域实现“中国长寿之乡”全覆盖，是中国首个“世界长寿市”。桂林市是中国著名的国际旅游胜地，享有“桂林山水甲天下，阳朔山水甲桂林”的美誉，同时桂林也是中国金桔和柿子的最大产地，其林果业的发展和桂林山水得到了国家领导人的充分肯定。百色市是我国著名的红色老区，邓小平等老一辈革命家在这里发动了著名的百色起义，成立了中国工农红军第七军，同时百色也是中国芒果之乡，“百色芒果”获得了国家农产品地理标志认证，研究红色老区的绿色崛起和农民致富具有时代意义。

二

广西的林果产业发展成果灿烂丰硕，林果业中的水果业更是广西独特的招牌。因此，我们调研主要以林果业中的果树等经济林为主。从 2015 年暑假开始，调研团队就多次调研贺州市、桂林市和百色市，试图寻找“绿水青山如何‘创’出金山银山”这个问题的答案。

“不能让群众捧着绿水青山的金饭碗要饭，更不能让祖宗留下的绿水青山毁在我们手中！”改变的开始，是当地政府的反思和主动转型。贺州市政府投入资金大力整治非法采矿，为损毁的青山“疗伤”。桂林市政府通过实施石漠化综合整治工程，让不少荒山野岭摇身一变，成了茶园、果园、花园，成了老百姓的“绿色银行”。百色市政府深入推进产业扶贫，让林果业在农村的舞台上唱主角，成了扶贫的主力军。在各级政府的努力之下，种植户的生活与事业逐渐有了起色。但真正的转折点是自治区党委、政府决定实施“绿满八桂”造林绿化工程和“美丽广西”乡村建设工程，这两大工程不仅是自治区党委、政府做出的英明决策，还是民生工程、为民办实事工程、提升广西核心竞争力的德政工程。经过几年的努力，林果业在八桂大地上得到了充分的发展，不少地方的山郁郁葱葱，水清澈见底，多次得到习近平总书记的肯定。

天时地利人和的创业佳境。良好的生态“底色”让农民有了创业致富的基础。为了让“大众创业万众创新”根植农村，当地政府出台一系列政策全力搭建农村创新创业平台，各级领导人多次走基层调研农民创业情况，鼓励农民通过创业摘掉贫困的帽子，农民创业的积极性被充分地调动起来。同时，随着近年来广西积极推进高铁建设，城乡之间的时空距离被大大缩短，激增的人流量带来了无限商机。政策的“天时”，高铁建设和生态优势的“地利”，农民艰苦创业的精神和各级领导人的支持的“人和”，共同打造出一个绝佳的农村创业佳境。

“不创不奇迹”的农村创业致富新章。在天时地利人和的创业佳境之下，各地农民用魄力和智慧书写出一个个创富奇迹。不少乡镇以合作社、村委会或农业公司的名义承包土地规模种植果树等经济林，以客商收购、订单式农业和电商销售的方式销售果子获得收入，同时还借势大力发展乡村旅游、生态养生和农产品加工，走出了致富新路子，日子过得红红火火。随着农村创业浪潮的火热和国家大力推进现代农业建设，不少地方都建设了现代化农业示范基地，成为当地“金山银山”转化机制的重要组成部分和产业扶贫新动能。

通过对贺州市、桂林市和百色市的实地走访和问卷调查，分析这三个地区林果农的创业致富情况，我们对这三个市的林果农创业致富模式有了一定的了解。调查发现，农村创业离不开国家政策的方向指引，离不开当地政府的大力支持，离不开当地领导的关怀鼓励，离不开当地生态的良好基础，离不开交通设施的配套建设。在天时地利人和的创业佳境中，还需要农民用“开天辟地”的魄力、“不破楼兰终不还”的毅力和“四两拨千斤”的巧劲才能创出金山银山。

三

经过深度思考，调研团队将适合绿水青山地区的农村创业模式分为三个阶段，三个阶段紧跟国家战略脚步，层层递进，相融共生，利用农村地区的绿水青山“创”出金山银山。

三权分置推动的土地利用——1.0阶段

2016年10月30日，中共中央办公厅、国务院办公厅印发了《关于完善农村土地所有权承包权经营权分置办法的意见》（简称《意见》）。《意见》指出，完善“三权分置”办法，不断探索农村土地集体所有制的有效实现形式，落实集体所有权，稳定农户承包权，放活土地经营权。当三权分置的机遇到来时，怎样抓住这个机遇呢？首先要有“开天辟地”的魄力，尤其对于相对保守的农村，敢于迈出创业的第一步更为重要。“三权分置”是国家领导层经过反复调研、反复推敲和反复修改的政策成果，是对农村改革发展的重要指导。在这个背景下，整合分散的土地以高效利用，进而发展规模农业有了保障。规模农业能让农民通过土地经营权抵押的方式获得创业贷款，以及为推广自动灌溉等智慧农业技术提供基础，且规模化种植能有效改善当地的生态环境，让荒山变青，青山变更绿。从主体来看，土地的整合利用方式主要分为以下三种。

（1）合作社整合土地高效利用。即通过合作社将农户的土地整合起来，农户通过土地的方式入股合作社，合作社则经营连片的土地，通过信用贷款、土地经营权抵押贷款等方式获得创业资金，运用现代化农业技术提高种植效率和农产品品质。

（2）村委会整合土地高效利用。即村委会牵头，通过土地流转，将村里各类型的土地平整之后连片成块，以分户承包管理的形式，带动全村居民创业。

（3）引入公司整合土地高效利用。即引入农业公司整合周边合作社与农户，打造“公司＋农户”利益联合体，将合作社间的界限打破，实现大规模的种植。

时代机遇引导的附加值开发——2.0阶段

当规模经营形成之后，如何开发农产品的附加值？

（1）利用“旅游”开发附加值。通过互联网平台发布相关旅游信息吸引游客，在挖掘当地特色文化的基础上，对规模种植基地整体规划布局，完善相关配套，让游客到来后能享受到观光旅游、知识学习、了解和体验农事等旅游服务。将自家房子改造成特色旅馆，为游客提供民宿服务。向游客销售农特产品，通过这种方式提高农产品的销售价格。

（2）利用“加工”开发附加值。农产品加工对农业的重要性不言而喻。从执行的层面来说，经营者出资购买相关农产品加工设备，建立并完善农产品加工基础设施，与专业的互联网大数据公司合作，逐步做长、做深、做智慧农产品加工链。以水果为例，研发一系列的水果加工产品，从鲜果到水果罐头、果脯、果汁再到果酒等，注册并做响品牌，初步提高农产品附加值，发展绿色有机果品加工，进一步提高农产品附加值。

（3）利用“康体养生”开发附加值。人的健康离不开自然和谐的生活环境，农村地区的绿水青山正是最大的健康资源，而健康资源就是金山银山。健康产业的建设给绿水青山的农村带来无限的机遇。利用好绿水青山的关键，是在发展旅游的基础上，实现“休闲”“养生”“养老”新业态与农业初步融合，打造生态休闲养生（养老）基地，实现旅游由过境观光型向休闲度假、康体养生等深度体验型转型。

中央一号文件发起的新型田园创业——3.0 阶段

日渐增加的游客产生了无限的需求，而如今的农村基础设施与产业建设显然不能满足这类需求。

（1）田园综合体建设带来的机遇。2017 年的中央一号文件提出：“支持有条件的乡村建设以农民合作社为主要载体、让农民充分参与和受益，集循环农业、创意农业、农事体验于一体的田园综合体。”田园综合体是以合作社为主要载体，企业参与、多方共建的“农业 + 文旅 + 地产”的综合发展模式，包含核心产业、支持产业、配套产业和衍生产业。

（2）新型田园创业方式。在田园综合体中，各个产业的相互渗透融合，有机结合了休闲娱乐、养生度假、文化艺术、农业技术、农副产品、农耕活动等元素，大大拓展了现代农业原有的产业链，带来无限的商机。① 以农业为主的创业方式。规模种植、农产品加工和 CSA（社区支持农业，即消费者为了寻找安全的食物，与希望建立稳定客源的农民携手合作，建立经济合作关系）等。② 以旅游业为主的创业方式。基于旅游度假目的地打造“旅游+度假”产品的组合，基于当地特色文化提供相关体验服务、民宿等。③ 以地产业为主的创业方式。田园综合体本身属于地产行业，其建设涉及土地、资金、政府等关键要素，其中能催生出专门为各方搭桥牵线的中介公司和相关的专业地产公司，此外还有配套设施建设和物业管理等。④ 以高科技为主的创业方式。田园综合体的日常管理离不开互联网、大数据、智慧农业技术和智能化加工等现代化技术的支撑，这将给该领域的创业者提供机会。⑤ 以创意产业为主的创业方式。田园综合体的规划离不开创意产业的支持，这将催生一批文化策划类创业者。

三个阶段紧跟国家战略脚步，层层递进，不断转型升级，在农民“开天辟地”的魄力、“四两拨千斤”的巧劲和“审时度势”的洞察下创出一片金山银山。我相信，贺州、桂林和百色的现象不是绿水青山地区农村创业的个案，我更相信，随着创新创业浪潮的汹涌而至，探索出适合绿水青山地区的优秀创业模式，将有更多的创富神话在神州大地上涌现。我国的“绿水青山”也将插上“创新创业”的翅膀，乘着时代的春风，彰显生命力和经济价值!

【评语】学生的心得体会结合当前农村发展的实际，在实地调研、政策学习及专业引入的基础上，根据调研地点的实际情况提出了发展设想，读来很有质感。社会调研和实践是引导学生走出校门、接触社会、了解国情的好形式；是大学生投身改革开放、培养锻炼才干的重要渠道；是大学生提高思想觉悟、增强社会责任感的有效途径。习总书记告诫青年时强调，要把理想信念建立在对基本国情的准确把握上。新时代大学生也只有利用自己的专业所学，让信念追求同社会的需要和人民的利益保持一致才有意义。

（点评专家：北京社会科学院传媒研究所所长　郭万超　研究员）

软件工程16-1
张 娟

中国梦与青年梦

一

2012年11月29日，习近平总书记在参观《复兴之路》展览时，号召全党同志承前启后、继往开来，明确提出了实现中华民族伟大复兴的中国梦。他深刻指出：“每个人都有理想和追求，都有自己的梦想。现在，大家都在讨论中国梦，我以为，实现中华民族伟大复兴，就是中华民族近代以来最伟大的梦想。”

中国梦就是中华民族的伟大复兴之梦，是13亿中华儿女共同拥有的伟大梦想。作为一名当代青年大学生，我深深地明白自己有建设祖国的使命。而我的梦想也正是建设自己伟大的母亲——祖国，通过自己的努力，贡献微薄之力，让祖国变得更加美好！

中国梦是一个很大、很广、很有深度的话题，不禁使人想到中华民族奋进的滚滚大潮、气势磅礴的宏伟蓝图；但换一个角度来说，我们每个人都有自己独有的、特别的梦想，而我们个人的梦想又是建立在祖国繁荣昌盛的基础之上的，是与我们的中国梦息息相关的。所以，每一个中国人，不管性别、年龄、辈分、出身、文化程度，都拥有着同一个中国梦——一个向往美好、幸福生活的梦想。每一个中国人都向着这个梦想努力、奋斗，便是在缔造和实现着中华民族的复兴之梦。

中国梦是一个集体概念，并不特指单个人的利益和价值，而是大家共同的目标和价值追求，是“最大公约数”。中国梦不能脱离单个个体而存在，它依靠那些有梦想和实干精神的青年人发挥主力军的作用。国家之梦，反映国民之梦；个人之梦，融为民族之梦。当今中国，国家理念与人民期盼同声相应，个人梦想与民族梦想一脉相承，中国梦既是“强国梦”，也是“富民梦”。

青年梦依托中国梦更加绚丽多彩。中华民族是一个充满着朝气的民族，新时期的中国是我们实现梦想的时代，所以年轻人的梦想与国家民族的兴衰荣辱紧密相连，要勇敢追求自己心中的梦想，并付诸行动，为实现中国梦增添新的活力。每一个中国人都需要把个人的梦想和中国梦结合起来，把个人的梦想融入中国梦，作为青年更应如此。“青年是最容易盛产梦想的花季，也是最有条件把梦想付诸实践的时期，同时也是推进社会进步的伟大力量，最具创新热情和创造潜力，但是要用这种热情和潜力真正成就一番事业，必须依靠脚踏实地的实干精神。”广大青年要为实现中国梦发挥生力军作用，用青年梦托起中国梦。

二

有梦想谁都了不起，有勇气就会有奇迹。无论是名人还是小人物，都会有自己的梦想。而这一个个小小的梦想组合起来就是中华民族伟大的复兴之梦、强盛之梦，让我们用自己的行动去践行中国梦。我梦想着中华民族实现伟大复兴，梦想着中国梦从构想美好的可能性向着更美好的现实性逐步实现。

我有一个梦想，有一天世界不再动荡，没有纷争、贫困和饥荒，幸福的生活充满阳光，和平的鲜花到处开放。

我有一个梦想，有一天大地不再凄凉，没有破坏、掠夺和污染，秀美的山川环抱家园，清澈的江河一片蔚蓝。

我有一个梦想，有一天将化为美好的希望，让我们携起手来，迎接这一天的来临，用我们的爱实现我们的梦想。

我有一个梦想，它凝聚了选择、勇气、信念、毅力，我为我的梦想而骄傲！

每个人在少年时期都拥有梦想，它是人生路上不可或缺的指明灯，也是埋藏在内心深处的宝藏。有了梦想，我们才不会懈怠，才不会放弃生活中任何一个能够锻炼自己的机会。只有这样，我们才能在耄耋之年时不因虚度年华而悔恨，不因碌碌无为而羞耻。梦想依附于个人，而我们则依托于国家。有了梦想，才会有理想。有了理想，才会有奋斗的人生，才会有不断拼搏的炎黄子孙。

中国梦吹拂亿万国人的心，一如“春天的故事”在人心中生根发芽，中国梦不是宏大的口号，而是蛰伏在每个中国人心中的期许、希冀。它是每一个中国人生活在美丽中国，实现安居乐业，追求事业成功；它是每一个中国人都心情舒畅，工作和生活在自由民主、公平正义、平等有序的和谐社会中；它是通过全国各族人民同舟共济、艰苦奋斗，凭着植根于中国梦的中国精神，在不久的将来，把中国建设成为人民富裕、国家富强、社会安定、生态环境优美的社会主义现代化强国，实现中华民族的伟大复兴。换言之，中国梦既是对百年来中华民族为之奋斗追求的概括，也是当下中国人对自己未来的渴望；既是对中国人民共同命运的深情凝练，也是对普通人人生价值的表达和升华。

中国梦具有最大限度地为实现国家富强、民族复兴、人民幸福而凝聚人心的伟力，无论面对多少挑战、多大困难，始终以中华民族深厚的文化积淀和历史智慧为底蕴，给青年以希望、给青年以信心、给青年以力量。近代以来中华民族饱受欺凌，山河破碎、民生凋敝，但中国梦在无数矢志于民族复兴的仁人志士心中从未泯灭过。梦想不灭，希望永在。中国梦是中华民族自强不息的不竭动力，牵引着中国青年前行的脚步。

中国梦里有强国也有富民，中国梦里有期盼也有实干。中华民族是一个命运共同体，只有民族、国家全面科学发展，个人才能实现梦想。同样，只有每个人都充满激情，中国梦才够美丽，才够坚实。相信，以家国情怀为特征的中国梦是最激励青年人的。它必将引领中国青年坚定不移地追求美好的梦想，引领中国青年树立实干兴邦、胸怀祖国的崇高理想，引领中国青年为实现伟大的中国梦开拓创新、奋进拼搏。

三

梁启超曾说："少年智则国智，少年富则国富，少年强则国强。"朝气蓬勃的我们沐浴着清晨那一缕缕阳光，在迈向成功的人生道路上披荆斩棘，无所畏惧，就像那一只只在暴风雨中自由翱翔的海燕，划破黑暗的阴霾，打拼出属于自己的一片天空，这就是中国之青年，中国之希望，这就是实现中国梦的中流砥柱。

青年是实现国家理想的强大力量，也是国家的希望。进取、永不言弃的精神，都是当代中国青年所拥有的可贵品质。实现中华民族伟大复兴是一项光荣而艰巨的事业，需要一代又一代中华儿女共同为之努力。在前进道路上，我们还面临许多困难和挑战。但是，我们青年是永不言弃的，我们是实现中国梦的强大力量。

中国复兴腾飞的梦想就是从青年身上开始的。五四运动以来，汇聚了中华民族先进分子的中国青年、爱国学生，率先破解了中国梦的密码，波澜壮阔的铸梦世纪工程大幕开启，中国特色社会主义事业接续推进，中国梦的动力之源全面激活，"风景这边独好"的"中国故事"精彩呈现，中国人民从未像今天这样离伟大的中国梦如此之近。

现在，我们青年或在教室认真学习，或在实验室刻苦研究，或在工作一线生产建设……是的，我们是中国梦的忠实践行者。让这种"青年践行者"精神为中国梦凝聚强大的精神能量，让每个行业和领域在此基础上形成具体目标、具体路线图、具体时间表，让全社会的每一部分肌体、每一个工作岗位都焕发出最大的创造活力，进而汇聚为推动民族复兴的建设洪流。

国家不富强，就会被人欺侮；民族不复兴，就无颜担当龙的传人。中国青年是爱国的青年，是有理想、有抱负的青年，中国青年的梦想蕴含了国家富强、社会和谐的时代主题，以实现中华民族的伟大复兴为终极目标。实现中华民族伟大复兴，不是简单地重寻昔日的荣光，不是要恢复古代中国鼎盛时期的疆域版图，而是要让曾经饱受列强欺侮、目前还是发展中国家的中国经济发展、政治昌明、文化繁荣、社会和谐，到本世纪中叶成为富强、民主、文明、和谐的社会主义现代化国家。

实现中华民族伟大复兴的中国梦，是随着另一场梦的破碎产生的。长期以来，中华文明以其独有的特色和辉煌走在世界文明发展的前列，为世界文明进步做出了巨大的贡献。然而，随着资本主义生产方式的兴起，随着近代工业革命脚步的加快，中国很快落伍了。故步自封的封建统治者仍然沉浸在往日的辉煌所造就的梦想之中，等待着“万国来仪”。不料，等来的却是西方列强的坚船利炮。我们青年一代没有忘却，也永远无法忘却那段屈辱的历史，我们的梦想始终与国家的理想同呼吸、共命运。实现中华民族的伟大复兴，把我国建设成为富强、民主、文明、和谐、美丽的社会主义现代化国家是我们矢志不渝的目标。

每个人都有成长、成才、成功的梦，我们每一天都无比渴望实现强国梦。作为当代大学生的我们，要加倍努力地学习科学文化知识，提高专业技能，积极参加社会实践，提高综合能力，为贡献祖国积累能量。作为一名“90后”的大学生，我知道，要想实现强国梦必须先一步步充实自己、强大自己。“潮平两岸阔，风正一帆悬。”党中央集中全党智慧，体现人民意愿，适应时代要求，提出了宏伟奋斗目标，描绘了壮丽发展蓝图，进一步坚定了我们“敢做梦”“能圆梦”“拥抱梦”的决心和信心。但中国梦的实现，任重道远，既不是一帆风顺的，也不是一蹴而就的。机遇与挑战并存，希望与考验同在。当代青年要有责任意识，要勇于担当，要时刻心系民族命运，心系国家发展，心系人民福祉，以高度的社会责任感和历史使命感，把个人的成长进步融入到推动国家发展、民族振兴的时代洪流中去，矢志为实现远大理想而不懈奋斗。

【评语】习近平总书记指出，青春理想，青春活力，青春奋斗，是中国精神和中国力量的生命力所在。学生通过论述中国梦、青年梦，引申出新时代大学生的责任和担当，指出作为担当民族复兴大任的时代新人应该主动作为，勇立潮头，为实现中国梦练就真本领，脚踏实地、艰苦奋斗，不断书写奉献青春的时代篇章。青年是中国梦的见证者，更是践行者和受益者，青年有信仰，民族就有力量。愿广大学子在中国梦的感召下敢于有梦，勇于追梦，勤于圆梦。

（点评专家：桂林理工大学马克思主义学院　张　雷　教授）

高分子材料与工程 15-1
张　瑶

青春正能量　实践中国梦

一

第一次踏上百色这片热土，迎面而来的是一阵热风。这阵热风，让我们感受到了百色人民的温情与红色土地的炽热。短短五日的百色之旅，所见甚多，所闻甚多，所感甚多。

到百色之前，已了解过百色些许。初到百色，就体会到了百色的热，顶着骄阳，我们整队前往百色学院，参观了百色学院易班工作站的发展，切实感受到了百色学院易班发展的强劲势头。易班的发展与当地红色文化相结合，创新出红色易班，对大学生的革命传统教育起到了很大的促进作用。

一趟乐业之行，让我们深刻体会到革命先辈的困苦。我们驱车四个小时从市区绕过无数的盘山公路，穿过无数座山，来到了群山环绕下的乐业县。四个小时的旅程中，望着窗外的群山和环绕山体的盘山路，我想到了几十年前百色起义及红军乐业会师的场景，革命先辈凭着双脚，穿过重重封锁，翻过环绕的群山会师乐业，他们的精神令人钦佩。在会师纪念馆，看着一张张老照片，一件件老物件，不禁想到了当年革命先辈们生活条件的艰苦，他们的坚韧再一次触动了我的心弦。如今，我们生活在和平、幸福的年代，体验着改革开放带来的伟大变革，享受着先进文化的教育和熏陶，我们感到无比的幸运。作为新时代的大学生，我们应该继承和发扬革命先辈艰苦奋斗的精神，不断地奋发进取，只有这样，中华民族伟大复兴的梦想才会在一代代人的接力中实现。

深入乐业腹地，我们发现了很多值得思考的问题。经济的贫困和产业的不发达，使得很多年轻人外出打工，造成乐业的留守儿童与空巢老人问题；当地人们文化水平较低，环保意识缺失，造成严重的环境污染问题。当地政府已经开始采取措施，推进安居工程和环保督查。我们实践团队也根据实践主题，看望了空巢老人和留守儿童，并且进行了环保知识的宣传。

改革开放以来，我们的社会发生了翻天覆地的变化。新农村建设颇有成果，因此我们也将新农村的考察列为此次社会实践的一个主题。行程第三日，我们来到了那利屯保安村，在与村民的探讨和对村主任的采访中，我们了解了保安村的过去、发展历程及现状，切实体会到了农村发展所遇到的困难。城镇化的推进给新农村的建设带来了新的机遇，也带来了新的挑战。保安村毗邻百色市，交通相对便利，由于近几年周围工业的发展，大多数人选择进工厂做工人，导致村中大量劳动力流失。大量有文化、有技术的劳动力“走出去”，使得村中平均文化程度较低，集体管理上出现困难。通过几年的建设，保安村的人均收入有了很大的提高，村民的生活得到了极大的改善，但相对城镇而言，在人均收入与基础设施建设上还有待进一步改善，同时村里的文化设施建设也需要加强。

当我们迈着沉重的脚步走进百色起义纪念馆时，更加真切地感受到了当年起义的艰辛。听着讲解员的讲解，望着纪念馆里的陈列，每个人都若有所思，在思考是什么带来了百色起义的成功，虽然兵力悬殊、条件苛刻、环境恶劣，但我们的先辈们不畏艰难地取得了革命胜利。面对着一张张模糊的老照片，一件件锈迹斑斑的武器，一个个残破不全的简陋设施，我似乎找到了答案。在右江政府旧址和粤东会馆我看到了相似的场景，简陋的办公设施，恶劣的生活条件。当看到面前的两张凳子撑着的一块木板时，我特意问了一下讲解员："这是红军战士的床吗？"当然，我得到的答案是肯定的，这样的条件在当时或许已经很好了，有时甚至几个人挤在一个小小的房间里。但就是在这样艰苦的环境下，我们的革命先辈用生命拼出了一片江山。

短短的五日实践，行程数百公里，我们虽然没能走遍百色所有的地方，但是每日都有满满的收获，满怀的感悟。在百色的每一日、每一个地方，发生的每一件事，都让我们有不同的感触。在这里，我们感受着百色人民的热情，圆满完成了我们的行程与任务。在这里，我们体会到了革命先烈的不易，体会到了百色农村的发展，感受到了百色炽热的风土人情，更明白了我们新时代大学生的沉重责任。

在这个芒果飘香的季节里，我们和百色来了次偶遇。我们一行脚印稀疏地洒落在百色这片广袤的热土上，每一个脚印都见证着一点一滴的收获。在这里我们挥洒过汗水，也留下过欢笑。我相信，在这儿的所有收获，对我们每个人接下来的工作学习都有着重要的意义。

二

当代大学生作为中国梦实现的黄金一代，作为中国梦实现的践行者，拥有知识，拥有思想，具有较强的思考与动手能力，但只在学校的求学经历使我们对国情缺乏深入了解，对社会问题了解不甚透彻。而通过社会实践活动，可以让我们认识社会、了解国情、提升认识。

在社会实践中我们接触企业、接触学校、接触党政干部、接触工人农民……在这个过程中，我们的思想进行了碰撞，加深了对在大学中所学理论的认识与理解。很多大学生对于未来踏入社会面对的不确定都有一定的恐慌，而社会实践为大学生提供了与社会接触的机会，这对于大学生日后踏入社会后在尽量短的时间内实现自身价值有很大的帮助。

理论与实践相结合，是最有效的学习和成长方式。大一暑假我们参加了学校组织的暑期社会实践，前往井冈山实践学习。在革命圣地，令我印象最深的是教育基地现场授课的方式，在每一个红色遗址或者红色景点，通过讲解员讲述历史，以故事的形式进行思想教育，能够给予我们更大的心理冲击，有助于我们深刻地理解理论知识。学校的思想政治理论课也可以尝试采用这种授课方式，每学期任课老师组织学生进行至少一次红色教育的现场教学，去红色景点实地参观，感受红色文化的魅力，我想这样的思想政治理论课的教学效果一定会很好。

三

中国梦的实现不是一蹴而就的，也不是敲锣打鼓就能实现的，需要我们青年大学生在各个方面做好准备。

思想准备。认真学习思政课，学习十九大精神，以习近平新时代中国特色社会主义思想武装自己，提高自己的政治素养。学习理论时要真懂真信，怀着一颗真诚的心去学习。新时代，经济飞速发展、科技日新月异、文化异彩纷呈、人生选择丰富多元……与过去相比，今天的青年人拥有更多更好的机会和选择去施展才智，当然，也面临着更多不确定的诱惑与挑战。唯有坚定马克思主义信仰，博学之，审问之，慎思之，明辨之，笃行之，才能真正坚持人民立场，才能真正树立正确的价值观，才能真正扣好人生的第一粒扣子。习近平总书记曾说：“人生的扣子从一开始就要扣好。”理想指引人生方向，信念决定事业成败。每一个青年，都应主动将个人的奋斗融入国家和民族的奋斗大潮中，将个人的命运与国家和民族的命运紧密相连。如此，青年心中才有阳光，眼里才有远方，脚下才更有力量。同时，我们还要自觉投入到社会实践中，深入了解国情，深度了解社会，这样才会更加明白自己的历史责任。在社会实践中，我们看到了好的方面，比如经济高速发展、农村发展日新月异、城镇化不断推进等；但也看到了许多问题，如留守儿童与空巢老人问题，环境污染、交通拥堵、房价居高等问题。只有多维度、多角度地深入了解，再加之思考和分析，才能科学地分析问题，辩证地看待中国发展中的问题，才会加深对中国梦的认识。

技能准备。大学生是有理想、有知识的一群人。作为青年，我们要为中国梦做出贡献，就要从小事做起，从最基本的做起，学好自己的专业知识，掌握好专业硬本领，从而能够为自己从事的行业做出贡献。这就要求我们在课堂上认真听讲，努力钻研专业知识，不断提升服务社会的本领。习总书记告诫青年：“青年人正处于学习的黄金时期，应该把学习作为首要任务，作为一种责任、一种精神追求、一种生活方式，树立梦想从学习开始、事业靠本领成就的观念，让勤奋学习成为青春远航的动力，让增长本领成为青春搏击的能量。”在知识更新日趋加速的今天，我们青年大学生要想跟上时代发展的步伐，就必须不断学习。青年代表着民族的希望，代表着国家的未来。广大青年大学生只有努力从我国改革开放和社会主义现代化建设伟大实践中汲取智慧和力量，不断增强知识更新的紧迫感，如饥似渴地学习知识、掌握学问、增强素质、提升能力，才能成为勤于学习、勇于担当、甘于奉献的栋梁之材，才能完成时代赋予的历史重任。

习近平总书记指出：“社会主义是干出来的，新时代也是干出来的。”新时代是奋斗者的时代，新时代的青年马克思主义者更要拿出奋斗者的姿态，永葆艰苦奋斗、不懈奋斗的精神状态，凝心聚力，汇聚中国力量。作为新时代大学生，我们是中国梦实现的主力军，我们要积极将自身所学的知识与实践结合起来，脚踏实地地学习，把艰苦环境作为磨炼自己的机遇，一步一个脚印往前走，经过坚韧不拔、百折不挠的努力，在时代大潮中建功立业，为实现中国梦奉献智慧和力量。

【评语】为实现中华民族伟大复兴的中国梦而奋斗，是当代中国青年运动的时代主题。青年兴则国家兴，青年强则国家强。学生通过实践活动加深了对中国国情的了解，增强了实现中国梦的责任感和使命感。正如习总书记所指出的，“学术、知识不能只是在嘴上，要联系实际，做到知行合一、格物致知、学以致用。”青年处于学习的黄金时期，一

定要努力学习科学文化知识，要求真学问、练真本领，掌握事物发展规律，通晓天下道理，丰富学识，增长见识。唯有如此，中国梦才会因为青春更有力量！

（点评专家：桂林理工大学马克思主义学院　孙　巍　副教授）

会计学 17-2
袁肖明

以青春之笔谱写中国之梦

一

习近平总书记曾指出，青年兴则国家兴，青年强则国家强。青年一代有理想、有本领、有担当，国家就有前途，民族就有希望。所以，走在中华民族伟大复兴道路上的我们，必须时刻把祖国放在心中，把强国复兴作为己任，怀揣着青春的梦想，努力奔跑，不可懈怠。所谓“家是最小国，国是千万家”，青春梦、中国梦又何尝不是如此？中国梦是千万个青春梦的总汇，青春梦助力中国梦的前行，二者相辅相成，缺一不可。习近平总书记还说，“中国梦是历史的、现实的，也是未来的；是我们这一代的，更是青年一代的。中华民族伟大复兴的中国梦终将在一代代青年的接力奋斗中变为现实。”所以，我们必须坚定理想信念，志存高远，脚踏实地，勇做时代的弄潮儿，在实现中国梦的生动实践中放飞青春梦想，在为人民利益的不懈奋斗中书写人生华章！

理想是人生的方向标，是指引我们走向正确道路的指明灯。青年人正处在人生观、价值观、世界观形成的关键时期，所以，树立什么样的理想将会直接影响到生命的广度和深度，关乎一个人的一生所向、所行。志存高远，才能引导自身不断攀登人生高峰。中国梦是中国共产党带领全国各族人民实现中华民族伟大复兴的共同理想。个人理想是共同理想的构成部分，共同理想为个人理想提供平台。只有国家富裕强盛，青年人的个人梦想才有坚实的依托，才有真正实现的可能。习近平同志在给北京大学考古文博学院2009级本科团支部的回信中提道："中国梦是国家的梦、民族的梦，也是包括广大青年在内的每个中国人的梦。'得其大者可以兼其小。'只有把人生理想融入国家和民族的事业中，才能最终成就一番事业。"广大青年要将个人理想融入实现中国梦的共同理想中，将个人的发展纳入国家的发展中，把个人奋斗同实现共同理想的奋斗结合起来，在为实现共同理想贡献青春和才华的过程中最大限度地实现自我价值。这就要求我们青年大学生高举中国特色社会主义伟大旗帜，用习近平新时代中国特色社会主义思想武装自己，不断增强道路自信、理论自信、制度自信、文化自信，以个人理想贡献共同理想，以共同理想成就个人理想。

二

知识是力量，是指路的明灯。知识在推动人类进步的过程中贡献巨大，正成为人类社会最重要的财富。立身以立学为先，梦想从学习开始。青年时期是学习知识的黄金时期，青年人应该把学习作为首要的任务，作为一种责任，一种使命，一种习惯。青年智则国智，青年强则国强。面对日趋激烈的国家实力的较量，青年人的素质和本领直接影响中国未来发展的主导权，影响中国梦的进程。广大青年要有只争朝夕的紧迫感，废寝忘食地学习知识、提高本领，为实现中国梦集聚能量。

青年人要学习马克思主义理论知识，胸怀远大理想，陶冶高尚情操，将个人成长成才与把握人生正确航向结合起来。青年人既要钻研专业知识，也要学习其他知识，将掌握专业技能与提高自己，丰富自身生活结合起来；既要学习科学知识，也要学习人文知识，将塑造科学精神与培养人文素质结合起来；既要学习中国优秀的传统文化知识，也要学习西方先进的文明成果，将丰富文化底蕴与开阔国际视野结合起来。青年人不仅要学好知识，还要更新知识，提升自己获取新知识的能力，树立创新意识和创新精神，提高创新能力，努力成为创造性人才。广大青年不仅要从书本上学，更要在实践中学，自觉到基层中去，到国家和人民最需要的地方去，掌握真才实学，强化本领，成为可堪重用的栋梁之材，在为人民利益的不懈奋斗中书写人生华章。

“感人心者，莫先乎情”。青年人有着澎湃的爱国热情，崇尚爱国最容易凝聚青春能量，激发青年人的成就动机，将爱国主义情感化为发奋拼搏的强大动因。实现中国梦必须弘扬以爱国主义为核心的民族精神和以改革创新为核心的时代精神。深蕴于胸中的爱国情怀、报国志向、强国决心促使广大青年在民族危亡关头同仇敌忾，在面临重大灾害时众志成城，在伟大的复兴征程中开拓进取。

爱国情感首先表现为民族自信感，即在深入了解我国语言文化、历史传统、民族精神、发展状况等的基础上对自己的祖国无比热爱，对祖国的未来充满信心。青年人有了民族自信感，就会对中华民族的伟大复兴充满信心，对中国特色社会主义道路、理论体系、制度无比自信、无比坚定。其次表现为民族责任感，即发自内心地自觉自愿地维护本民族利益，献身祖国的崇高使命感。肩负民族责任感的青年人会自觉主动地将火热的青春投身于实现中国梦的生动实践中，即使身处最平凡的岗位、最艰苦的环境也矢志不渝。最后表现为民族荣誉感，即对祖国所取得的成就感到无比光荣。青年人有了民族荣誉感，就有了源源不断的强大力量，无所畏惧，朝气蓬勃地迎接挑战，为圆梦增添力量。

崇高的品格是社会的良心，是人性的最高表现。凡建立功业，以立品德为始基。从来有学问而能担当大业者，无不先从品行上立定脚跟。青年是引领良好社会风气的重要力量。青年人要自觉树立和践行社会主义核心价值观，提高品德修养，弘扬传统美德，倡导新风正气，用高尚的道德行为促进全社会文明程度的提高。

我们广大青年要在全社会倡导爱国主义、集体主义、社会主义思想，树立正确的世界观、人生观、价值观，反对和抵制拜金主义、享乐主义、极端个人主义等腐朽思想。青年人要明礼诚信，弘扬真善美、贬斥假恶丑，努力营造守信光荣、失信可耻的社会氛围。要勤俭节约、吃苦耐劳，反对骄奢浪费，树立劳动光荣的观念，营造知荣辱、讲正气的良好社会风气。要大力倡导社会公德、职业道德、家庭美德，努力成为好公民、好的建设者和好的家庭成员。要多做扶贫济困、扶弱助残的实事好事，切实践履道德规范，养成良好的道德行为习惯，奉献他人，回报社会。

三

伟大的梦想只有付诸行动才能成为壮举。实现中华民族伟大复兴是一项光荣而艰巨的事业，要把梦想变为现实，需要一代又一代中国人付出长期艰苦的努力。青年人代表国家的未来，更要保持艰苦奋斗、踏实苦干的实干精神，沉身做事不迷惑，实干脚步不停顿，在实干中推动科学发展，在实干中服务人民，改善人民生活，在实干中破解发展难题，在实干中实现中国梦想。

我们广大青年一要牢记“实”。“凡事都要脚踏实地地去工作，不驰于空想，不骛于虚声，惟以求真的态度作踏实的功夫。以此态度求学，则真理可明，以此态度做事，则功业可就。”青年人要秉承先辈们求真务实的精神，不浮夸，不空谈，踏踏实实地学习，勤勤恳恳地工作，认认真真地生活。二要牢记“干”。“世界上的事都是干出来的，不干，半点马克思主义都没有。”任何伟大的事业都需要从实干做起，实现中华民族伟大复兴，同样需要坚实的脚步、勤恳的足迹。有梦想就有力量，有行动才有改变。广大青年都是梦想的参与者、书写者，要从小事做起，从基础做起，立足本职工作，潜心钻研，埋头苦干，用自己的行动成就出彩人生。三要牢记“闯”。圆梦的道路并非坦途，而是充满艰巨的挑战，广大青年要有“敢啃硬骨头，敢涉险滩”的勇气和担当，迎难而上，不畏惧、不彷徨、不退缩，在人生历练中收获成功，在攻坚克难的淬火锤炼中梦想成真。

以青春之笔，谱写中国之梦。每一个青年人都是梦想家，都是践行者。只有把青春的奋斗与国家的梦想紧密联系在一起，只有把青春梦融入国家富强、民族振兴、人民幸福的中国梦，我们的梦想才会绽放无穷的活力，我们才能书写出最瑰丽夺目的青春篇章。

【评语】学生用诗意的笔触论述了青年梦与中国梦的关系，正可谓“得其大者可以兼其小”，中国梦是全国各族人民的共同理想，也是青年一代应该牢固树立的远大理想。新时代大学生要将深沉的爱国情感植根心底，矢志艰苦奋斗，锲而不舍、驰而不息，自觉将火热青春投入到实现伟大的中国梦之中。中国梦为青春注入了精神之“钙”，中国梦为青春插上了理想之“翼”。梦在前方，路在脚下。相信用青春之笔谱写的中国梦会更加绚丽美好！

（点评专家：桂林理工大学马克思主义学院　张　雷　教授）

工程管理 15-1
林美霞

激扬中国梦想　传递青春价值

一

习近平总书记指出，中国梦是国家的梦、民族的梦，也是每一个中国人的梦。只要每个人都把人生理想融入国家和民族的伟大梦想之中，敢于有梦、勇于追梦、勤于圆梦，就会汇聚成实现中国梦的强大力量。实现中华民族伟大复兴的中国梦，需要一代又一代有志青年接续奋斗。习近平总书记指出，青年人朝气蓬勃，是全社会最富有活力、最具有创造性的群体。当代青年大学生具有实现中国梦的朝气和活力，肩负着时代赋予的历史重任和光荣使命。加强中国梦教育，对引导青年大学生在实现中国梦的生动实践中贡献青春力量具有重要意义。

中华民族对美好生活有着强烈的追求，怀有梦想并为之奋斗是中华民族一个十分显著的精神品格。在 5000 多年延绵不断的历史长河中，中华民族创造了极为丰富的灿烂文化，为人类的文明进步做出了不可磨灭的贡献。中国古代便有了“嫦娥奔月”的神话。在宋朝，中国人发明了火药，人们将火药装填在竹筒里，火药背后就有细小的“定向棒”，点燃火管上的火硝，引起筒里的火药迅速燃烧，产生向前的推力，使之飞向敌阵爆炸。这是世界上第一种火药火箭。正是因为中国人发明了火药，才有了今天人类的太空之旅，有了人类对宇宙奥妙的深层探索。

中国人发明了指南针。北宋朱彧所著《坪洲可谈》一书中，最早记载了航海中使用指南针的情况：“舟师识地理，夜则观星，昼则观日，隐晦观指南针。”郑和七下西洋，经东南亚、印度洋、非洲东海岸，航海足迹遍布亚非30多个国家和地区，传播了中华文明，若是没有指南针怎么可能出现如此的壮举？公元1180年左右，指南针（也叫罗盘）通过阿拉伯人传到了欧洲，此后罗盘在世界航海事业上被广泛应用，因此才有了15至16世纪的世界地理大发现。19世纪中叶，达尔文创立了科学的生物进化学说，第一次对整个生物界的发生、发展做出了唯物的、规律性的解释，推翻了“特创论”等唯心主义形而上学在生物学中的统治地位，使生物学发生了一场革命性变革。达尔文随英国皇家海军的船只做过环球考察，这次考察对他的生物进化理论创立作用极大，若没有指南针，关于进化论的理论要等到何时才能被创立？

中国人发明了造纸术和印刷术。早在西汉时，我国就已会造纸。东汉时，蔡伦改进了造纸术，纸张很快被应用推广。从6世纪开始，造纸术逐渐传往朝鲜、日本，随后又经阿拉伯、埃及、西班牙传到希腊、意大利等国。我国唐代留下的《金刚经》是目前世界上最早有确切日期的印刷品。

纸张和印刷术的出现改变了只有僧侣和有钱人才能读书、接受高等教育的状况，使人类的文明得以迅速、便捷地传播。“四大发明”在欧洲近代文明产生之前陆续传入西方，成为“资产阶级发展的必要前提”。从这个角度说，没有中国的“四大发明”，欧洲乃至世界的人类文明还不知要在愚昧野蛮状态下徘徊多久。

二

历史告诉我们，每个人的前途命运都与国家和民族的前途命运紧密相连。国家好，民族好，大家才会好。实现中华民族伟大复兴是一项光荣而艰巨的事业，需要一代又一代人共同为之努力。习总书记的论述博大精深，充满了对伟大祖国的深情厚爱，表达了对实现中国梦的坚定信念，这些论述是对青年大学生价值观念的极大鼓舞和鞭策，必将成为大学生们树立正确价值观的强大精神动力。

通过学校的游学项目平台，我有幸走出国门，去俄罗斯圣彼得堡真切地感受中国梦、世界梦。当我切切实实踏上俄罗斯圣彼得堡的土地时，心中十分期待感受俄罗斯的历史人文。圣彼得堡坐落于波罗的海芬兰湾东岸，涅瓦河河口，整个城市由100多个岛屿组成，由700多座桥梁连接，河渠纵横，岛屿错落，风光旖旎，素有北方威尼斯之称，是俄罗斯人的骄傲。俄罗斯人说，没有到过圣彼得堡，就等于没有来过俄罗斯，可见这座历史名城在他们心目中的地位。著名诗人普希金与这座城市的联系就像他和俄罗斯文学的联系一样紧密。对于普希金来说，圣彼得堡是俄罗斯荣誉与伟大的象征，在它面前连古老的莫斯科都显得黯然失色，在他的诗歌里将莫斯科称作先皇的遗孀，而将圣彼得堡称为新的女王。他一直在自己的诗歌里表达着对这座城市的爱。

“我爱你，彼得的杰作，

我爱你，严谨而整齐的容颜，涅瓦河雄伟的激流，你河岸上的花岗岩，

我爱你围墙上铁铸的花纹，还有深沉静寂的苍穹，晶莹的朦胧，苍茫的闪光。”

这到底是一座怎样的城市，能让一代文学巨匠爱得这样深沉，我的心里充满了好奇与憧憬。

提起俄罗斯，首先想到的就是它的寒冷，但地处北极圈的圣彼得堡却很“淑女”，7、8月份的温度让人感觉很舒服。这个城市出行非常方便，地铁、公交、电车，只要有地图，即使是一个初来乍到的外国人，也可以去到城市的各个角落。涅瓦河、丰坦河在城市中蜿蜒流淌，赋予了圣彼得堡更多的浪漫与柔情。圣彼得堡是俄罗斯罗曼诺夫王朝的首都，几乎整座城市都被列入了世界文化遗产名录中，每一栋楼房、每一个教堂、每一条街道都在散发着历史的气息，向世人讲述着自己的故事。

圣彼得堡是俄罗斯的文化之都。志愿者告诉我们，圣彼得堡代表着俄

罗斯的灵魂。冬宫博物馆、普希金小镇、彼得要塞、涅瓦河、马戏表演、芭蕾舞艺术及那些古老的教堂都在宣告着这座城市的古典之美。不得不说，战斗民族虽有粗犷强悍的外表，但却是个十足的“文艺青年”。圣彼得堡更像是上帝的一个杰出作品，在这座城市有很多的博物馆、剧院、教堂、皇家宫殿。在地铁站就能开起小型音乐会，俄罗斯的芭蕾舞更是闻名世界。走在这座城市之中，几乎每天都在受着艺术的熏陶。圣彼得堡的艺术气息十分浓厚，街头随处可见抱着吉他或是摆弄着钢琴的歌手，弹着优美的旋律，唱着自己的故事。令我印象较为深刻的是，某次乘坐地铁时遇到几位歌手，地铁到站后他们手脚麻利地搬着乐器上车，伴着地铁的启程他们唱起了歌谣，下一站后他们搬着乐器下车，开始下一次的音乐之旅。虽然只是短短几分钟，但却像一剂活力素打进心里，使人身体里的快乐因子也随之舞动。除此以外，圣彼得堡的剧院文化也深深吸引着我，数不清的优秀芭蕾剧、歌剧、舞台剧等，像夜里的一颗颗星星在城市里闪闪发光。

圣彼得堡有许多博物馆，最有名的是艾尔米塔什博物馆和俄罗斯博物馆。前者作为世界四大博物馆之一果然不负盛名，里面收录着世界有名的艺术家的作品，其中意大利的作品较多。走在博物馆，就像亲身经历了一次历史，文艺复兴、宗教、战争等扑面而来。俄罗斯博物馆主要收录俄罗斯艺术家的作品，当我站在名画《伏尔加河上的纤夫》前，更加直观地感受到了那个历史时期人民的苦难。十月革命100周年时，博物馆推出了相关的革命展，里面收录了十月革命期间的相关作品，有人民的苦难、士兵的无畏、母亲的泪水、夫妇的离别、国家的团结与凝聚，可以感受到这个民族的民族荣誉感。

在这段旅程中，使我感受颇深的不仅是异国的风情，更有深刻的中国力量及影响力触动着我。在此之前，我不会如此真切地认识到，原来中国梦、俄罗斯梦和世界梦就在我们的身边，与我们的个人利益息息相关，正在许多地方潜移默化地改变着我们的生活。随着国情、世情的不断变化，特别是西方敌对势力把青年学生作为重点争夺对象，这就需要我们提高警惕，在开放的世界中始终坚定对国家的信心，坚定四个自信，践行社会主义核心价值观，筑牢自己的思想之基。习近平总书记说过：“如果一个民族、一个国家没有共同的核心价值观，莫衷一是，行无依归，那这个民族、这个国家就无法前进。”

三

中国梦已经为我们提供了十分明确的价值目标和十分有益的方法论意义，这源于它的现实魅力和逻辑力量。如果说使命感和责任感教育尚具相当的理想和理性成分，那么，当代大学生的价值观整合就是一个现实性很强的问题。新的形势下，要用中国梦武装青年大学生的头脑，引导青年大学生把好“总开关”、坚定“主心骨”、筑牢“压舱石”，自觉做共产主义远大理想和中国特色社会主义共同理想的坚定信仰者和忠诚践行者。习近平总书记谈到，“人民对美好生活的向往，就是我们的奋斗目标”，用一句朴素的话再次诠释了党的宗旨和根本执政理念，这正是中国梦所表达的现实内涵和魅力，也是引导青年大学生认同中国梦的情感基础。

中国梦教育为青年大学生健康成长成才提供了科学的价值导向。当前，各种社会思潮呈现多样化发展趋势。加强中国梦教育，要引导大学生自觉抵制各种错误思想的侵蚀，教育引导青年大学生成为中国特色社会主义事业的合格建设者和可靠接班人，自觉投身于中国特色社会主义伟大实践。中国梦教育必将汇聚中华民族伟大复兴的强大力量。青年学生是中国梦的参与者、书写者。加强中国梦教育，要引导青年大学生自觉加强学习，不断增强本领，坚持知行合一，注重在实践中学真知、悟真谛，加强磨炼、增长本领，主动担当实现中华民族伟大复兴的历史使命，汇聚实现中国梦的强大力量。

历史告诉我们，每个人的前途命运都与国家和民族的前途命运紧密相连。国家好，民族好，大家才会好。青年大学生要结合时代发展、适应社会需要，在实现个人价值与社会价值的统一中，实现人生梦想。

面对青年大学生的自身特点和新时代下的复杂情况，我们要用习近平新时代中国特色社会主义思想武装自己，学习和掌握马克思主义基本理论，学会运用马克思主义的立场、观点、方法去观察、分析和解决社会实际问题，从而更好地抵制西方资产阶级腐朽思想的腐蚀，清除拜金主义、享乐主义和极端个人主义的影响，促使自己加强世界观改造，树立坚定的共产主义、社会主义信念，树立科学的世界观、人生观和价值观。正如习近平总书记所说，“当代大学生是可爱、可信、可贵、可为的”，“有信念、有梦想、有奋斗、有奉献的人生，才是有意义的人生”。新的时代，需要更多志存高远、胸怀理想的新青年，需要更多埋头苦干、踏实笃行的新青年。广大青年要从自身做起，勤学、修德、明辨、笃实，努力践行社会主义核心价值观，在实现中国梦的伟大实践中创造自己的精彩人生。

【评语】中国梦是中华民族的“强国梦”，也是广大人民群众的“幸福梦”，更是当代青年的“人生梦”。学生在心得体会中突出强调了在实现中国梦过程中坚持“四个自信”的重要性，无论是介绍“四大发明”还是体验异国文化，都展现出学生对中华民族深沉的热爱，正是有了融入血液中的爱，才会激发出对民族复兴中国梦的情，才会自觉践行社会主义核心价值观，在实现中国梦的伟大实践中书写自己别样精彩的人生！

（点评专家：桂林理工大学马克思主义学院　张　雷　教授）

工程管理16-3
刘楚逸

坚守梦想　不忘初心

一

乌云布满了天空，忽而有几只乌鸦飞过。寒风凛冽，像一片片刀子割在脸上，我的身上却只穿了件粗布衣裳。还没弄清楚周遭的情况，突然看见两个年轻姑娘。只见一个长发姑娘神色匆匆，边跑边拉着旁边的姑娘说：“胡兰，时间快来不及了，你赶紧躲一下吧。”“到底是怎么了，怎么如此慌张？”短头发的姑娘问道。“土匪已经包围了村子，他们听说你是共产党员，正在找你呢，你赶紧躲一下吧。”“找我？那我更不应该走了，大家都在这里，身为一名共产党员，我怎能贪生怕死？我们应该想办法营救大家。”说着便拉着长发姑娘往反方向跑去。看到此情此景，我突然想到，这里莫非就是刘胡兰的家乡？心里想着便急忙跟了上去。刚刚跑了几步，便看见一个小广场，旁边还有一座庙宇。很多百姓都被围了起来，我赶忙跟上前去。被抓的人越来越多，还有一些小孩子因为太害怕躲进母亲的怀里却依然不敢大声哭泣。大槐树旁已经有好几具尸体，鲜血直直地流入大地，周围的空气中充斥着血腥味。枯井前摆了一把铡刀，一个身强体壮的大汉一边喝着酒，一边打磨着刀锋，边上绑了六个农民。正当我想上前和那短发女子交谈时，一个看似快被风吹倒的矮个男子连跑带颠地跑到领头的面前：“报……报告头，没有找到刘胡兰。”土匪头飞起一脚将那人踹倒在地，说道“废物”，那人连忙起身谄媚地说道：“是，是，头，我再去找。”“不用了，直接在这问就行。”矮个男子反身问群众：“谁是刘胡兰?”看见刘胡兰倾身向前，我赶忙伸手去拦，还是晚了一步。“我是!”话音刚落，就见几个人把她架到了广场中央。

土匪头一把揪住了刘胡兰的头发，问下面的人：“刘胡兰是好人还是坏人?”一个老汉说是好人，土匪头说：“你说是好人，那就先铡你吧。”当时，全场群众哀求土匪头宽恕刘胡兰等人，土匪头说：“决不能饶恕。共产党挂羊头卖狗肉不讲人道。我们中国是礼治国家，共产党不讲礼治。”接着土匪头就宣布刘胡兰等人的所谓“罪状”。土匪头问：“刘胡兰，你们村中还有谁是共产党员?”刘胡兰说：“再没有，只是我一个。”土匪头又说：“你自白。”刘胡兰坚决不自白，她说：“死了没关系，再过十几年我又是这么大!”匪徒铡死了六个农民，铡死一个就问她一遍：“你怕不怕？你说出共产党员来，就不杀你。”刘胡兰说：“我死也不说。”这时，我才看清刘胡兰的那双眼睛，是如此清澈而又坚定，那种感觉直击心灵深处。土匪没有办法，又说：“你自白了，给你家里一份地。”刘胡兰说：“你给我抬一个金人来，我也不自白。中国共产党万岁。”说完就自动躺到铡刀下。看到眼前的景象，我悲愤不已，想要开口却怎么也张不开嘴，只见刀快速落下……

我心里一惊，从床上弹了起来，伸手一摸发觉自己早已是一身冷汗。是的，肯定是做梦的，但感觉自己还在那个广场，却如此的无能为力，耳边依然响起“中国共产党万岁”。这个场景总是时常梦起，每每想起“中国共产党万岁”，总觉得刻骨铭心，内心震撼。这个梦不是真的，但是我却真真切切地感受到了中国共产党的精神力量。身为一名共产党人，生活在新时代，应该牢记光荣使命，不忘初心，坚定理想，努力学有所成，奉献社会，不能让革命先烈的血白流，要真正成为担当民族复兴大任的时代新人。

二

大学时代是人生中一个非常重要的阶段。行程万里路，我来到了桂林理工大学，开始了我的大学生活。在桂工的学习生活中，我不断地充实自己，思想积极要求进步，始终具有坚定、正确的政治方向。积极向党组织靠拢，积极申请入党，通过努力成为一名中国共产党党员。在成为党员的过程中，我逐渐认识到中国共产党是伟大光荣的组织，认识到中国共产党的初心和使命，认识到中国梦的内涵和目标。历史无可争辩地告诉我们，只有社会主义才能救中国，只有中国特色社会主义才能发展中国，只有在中国共产党的领导下才能实现中华民族的伟大复兴。作为一名青年大学生，应当珍惜历史机遇，提升自己的综合素质，持续接力，艰苦奋斗，为实现中华民族的伟大复兴不懈努力。

中国特色社会主义进入新时代，这个新时代是承前启后、继往开来、在新的历史条件下继续夺取中国特色社会主义伟大胜利的时代，是决胜全面建成小康社会、进而全面建设社会主义现代化强国的时代，是全国各族人民团结奋斗、不断创造美好生活、逐步实现全体人民共同富裕的时代，是全体中华儿女勠力同心、奋力实现中华民族伟大复兴中国梦的时代，是我国日益走近世界舞台中央、不断为人类做出更大贡献的时代。

1942 年，毛泽东主席曾经在一次讲话中说过：“我们要把马、恩、列、斯的方法用到中国来，在中国创造出一些新的东西。只有一般的理论，不用于中国的实际，打不得敌人。但如果把理论用到实际上去，用马克思主义的立场、方法来解决中国问题，创造些新的东西，这样就用得了。”把马克思主义植根于中国文化中，不断进行改进，就是马克思主义中国化及其发展。马克思主义中国化，就是要使马克思主义和中国实际相结合，使马克思主义具有中国的民族特点和民族形式，成为指导中国人民革命和建设的理论。马克思主义是建立在对人类社会发展客观规律认识基础上的科学理论，是人类历史长河中的指路明灯。马克思主义能够延续发展，是因为它能够与时俱进，具有强大的生命力，同时又能与实际相结合，不断地创新发展。习近平新时代中国特色社会主义思想紧密结合新的时代条件和实践要求，坚持以党的基本理论为指导，坚持解放思想、实事求是、与时俱进、求真务实，以全新视野深化了对共产党执政规律、社会主义建设规律、人类社会发展规律的认识，提出了一系列具有开创性意义的新理念、新思想、新战略，对马克思主义哲学、马克思主义政治经济学、科学社会主义理论做出了独创性贡献，实现了马克思主义基本原理同中国具体实际相结合的新飞跃，在马克思主义中国化进程中具有里程碑意义。

生活在新时代的大学生，是中国承前启后的一代，是肩负历史和时代重托的一代。每个时代都有每个时代的历史使命，一代青年有一代青年的历史际遇。从现在到 2050 年，正是现代青年大学生成长成才、服务国家社会的黄金时间。青年学子要紧紧抓住难得的历史机遇，把人生理想融入实现中华民族伟大复兴中国梦的奋斗中，把爱国之情、强国之志、报国之行统一起来。新时代大学生要全面理解习近平新时代中国特色社会主义思想的伟大理论意义和丰富思想内涵，真正把习近平新时代中国特色社会主义思想内化于心、外化于行，做到善学善用，真学真用。

三

十九大报告指出，“全党要更加自觉地增强道路自信、理论自信、制度自信、文化自信，既不走封闭僵化的老路，也不走改旗易帜的邪路，保持政治定力，坚持实干兴邦，始终坚持和发展中国特色社会主义。”习近平总书记提出的“四个自信”内涵丰富，其中道路自信关注发展方向、未来命运，强调坚持走中国特色社会主义道路是中华民族实现繁荣富强的科学保障；理论自信是对中国特色社会主义理论体系的坚守，坚定对共产党执政规律、社会主义建设规律、人类社会发展规律认识的自信；制度自信是对中国特色社会主义制度优越性的自信，依靠制度实现社会发展与稳定；文化自信是对中国特色社会主义先进文化的自信，既要对优秀传统文化产生强烈的自豪感，也要坚定对社会主义核心价值体系的认同。“四个自信”是科学统一的整体，彼此之间相辅相成。文化自信是道路自信、理论自信与制度自信的基础，而道路自信、理论自信、制度自信则是文化自信的重要表现。

当今中国最鲜明的时代主题，就是实现“两个一百年”奋斗目标、实现中华民族伟大复兴的中国梦。青年大学生要树立远大理想信念，坚定“四个自信”，正确认识世界和中国发展大势，正确认识中国特色和国际比较，正确认识时代责任和历史使命，正确认识远大抱负和脚踏实地，掌握扎实学识，培养创新精神，提升实践能力，自觉承担起建设社会主义强国的历史使命，在实现中国梦的生动实践中放飞青春梦想。

习近平总书记指出，“社会是个大课堂。青年要成长为国家栋梁之材，既要读万卷书，也要行万里路。”他强调，“学习是成长进步的阶梯，实践是提高本领的途径。”实践出真知，青年学子在学习理论知识的同时也要积极投身社会实践，要向《习近平的七年知青岁月》一书中的青年习近平学习，做到理论与实践相结合，到基层去、到祖国最需要的地方去，通过服务基层、服务社会来坚定信念、磨砺自我、了解国家、增长本领，为人生的奋发有为夯实基础。

作为一名新时代的大学生党员，我将会勇于创新，开拓进取，不断提高自己的科学文化素养与思想道德修养，树立崇高的理想，脚踏实地，努力为实现中国梦贡献自己的力量。“人的一生只有一次青春。现在，青春是用来奋斗的；将来，青春是用来回忆的。”我们青年大学生要认清新时代的历史方位，坚持用习近平新时代中国特色社会主义思想武装自己，勇做新时代的弄潮儿，努力成长为能担当民族复兴大任的时代新人，在激扬青春、奉献社会的进程中书写无愧于时代的壮丽篇章。

【评语】学生在文章开头用穿越的方式，生动阐释了信仰的力量，展示了一名学生党员的坚定理想和立志接力奋斗、不忘初心、为实现中国梦

奋斗的决心。国家的前途，民族的命运，人民的幸福，是当代中国青年必须和必将承担的重任。在新时代的际遇里，青年大学生应该自觉用习近平新时代中国特色社会主义思想武装自己，坚定“四个自信”，锲而不舍、驰而不息，在实现中国梦中建功立业、梦想成真。

（点评专家：桂林理工大学马克思主义学院 张 雷 教授）